뉴스의 눈물

뉴스의 눈물

진영을 넘어
질문으로

박재홍 지음

듣는 마음을 종에게 주사

열왕기상 3:9

추천의 말

박재홍 아나운서와 나는 개인적으로 가깝다거나 함께 일을 했던 사이는 아니다. 그와 만났던 것도 방송 관련 행사장이나 다른 공식적인 모임에서 몇 번 만났던 것이 전부다. 그러나 나는 그가 멀게 느껴진 적이 없다. 그도 마찬가지일 것이다. 그것은 내가 그처럼 라디오 시사 프로그램 진행자 출신이라는 것만으로는 설명할 수 없다. 그것은 세상과 자신의 일을 어떻게 조화시켜 나가느냐의 문제, 즉 태도와 방향성의 문제일 것이다. 이 부분에서 그와 나는 닮았다. 그래서 나는 그를 존중한다. 박재홍 아나운서 역시 이 책에서 언급되는 세상을 위해 목소리를 내는 '풀종다리'다.

― 손석희 전 JTBC 대표이사

CBS를 대표하는 아나운서 박재홍. 2010년 〈시사자키 정관용입니다〉를 진행하기 시작하면서 그를 처음 만났다. 대부분의 아나운서가 예능 분야를 선호하는데 그는 독특하게도 시사 프로그램 진행자를 꿈꾸던 젊은 재원이었다. 그리고 지금 그가 진행하는 〈박재홍의 한판승부〉는 〈시사자키 정관용입니다〉를 넘어서는 CBS 대표 시사 프로그램으로 자리 잡았다.

이 책을 읽으며 그 비결이 뭔지 알게 되었다. 12·3 계엄의 밤에서부터 조기 대선에 이르기까지 긴박한 순간순간마다 박재홍 아나운서와 〈한판승부〉 제작진은 진실을 알리기 위해 진심 어린 열정을 쏟아부었다. 민주주의와 언론의 역할에 대한 강력한 신념이 매일매일의 방송에 녹아 있었다. 진영 논리와 확증편향, 상대에 대한 조롱과 멸시가 판을 치는 척박한 언론 환경에서 '진영을 넘어 질문으로', '진영을 넘어 공감으로'의 정신을 지키는 모습은 귀하고 아름답다.

나도 몰랐던 인간 박재홍의 '슬기로운 아나운서 생활'도 읽는 재미가 크다. 12·3 내란 사태를 함께 지혜롭게 극복해 낸 시민들께 일독을 권한다.

— 정관용 시사평론가

차례

추천의 말   6
프롤로그   분노와 불안을 넘어 희망으로   10

1장   12·3 내란 사태, 역사의 시간을 걷다

명태균의 예언, "한 달이면 윤석열 정권은 끝날 거요!"   18
윤석열 대통령, 국민에게 총구를 겨누다   26
뉴스도 때론 눈물을 흘린다   35
현직 앵커의 첫 윤석열 퇴진 시국선언   40
홍장원의 증언, "저 707 중대장 출신입니다"   44
헌법재판소의 8 대 0 탄핵 인용을 확신하다   52
대선 후보 이재명과의 마지막 동승 인터뷰   61

2장   앵커 유감

별의 순간, 그 후 반복되는 실패   74
부정선거론은 영혼을 병들게 한다   81
맙소사, 우리 법원이 습격당했다   88
출장 조사? 그러고도 검사인가요?   93
그만하세요! 마이크 꺼주세요!   98
〈열대의 묵시록〉과 한국 정치   103

3장 슬기로운 아나운서 생활

자네, 제대하면 뭐 할 건가?   114
내 인생의 하프타임, 하버드에 가다   123
시대의 결핍, 문제의 중심에 서라   130
서울대 3대 명강의를 아시나요?   136
시대의 지성 이어령과의 만남   141
시의 위로   146
아나운서 출신 첫 노조위원장   151
7번의 방송 하차, 그리고 〈한판승부〉   155
영정 사진으로 만난 애청자   162
방송 준비의 소소한 즐거움, 특식 먹는 날   167

4장 뉴스의 쓸모

언론이 질문을 못 하면 나라가 망한다   172
풀종다리의 노래는 계속돼야 한다   178
진실의 저편에는 무엇이 있을까?   185
뉴스 리터러시, 알고리즘은 진실이 아니다   191
내려놓음, 그 후의 자유로움   197
듣는 마음을 주소서   203
진영을 넘어 질문으로   207

에필로그   214
주   220

프롤로그

분노와 불안을 넘어 희망으로

2024년 12월 3일 비상계엄의 밤을 지나 2025년 4월 4일 헌법재판소의 윤석열 탄핵 선고에 이르기까지 대한민국 민주주의는 고통의 터널을 견뎌냈다. 뒤이은 6월 3일 조기 대선까지 대한민국은 꽉 채운 6개월의 시간 동안 계엄령 해제와 탄핵, 대선이라는 엄청난 세 가지 숙제를 매우 성숙한 모습으로 해냈다. 트럼프 미국 대통령과의 관세협상과 APEC 정상회의(10월 31일~11월 1일)까지 성공적으로 마무리하면서 한국 민주주의는 그 놀라운 회복력을 전 세계에 알리게 되었다.

그러나 숨 가쁘게 지나온 이 격동의 시간은 여전히 우리에게 수많은 질문을 던지고 있다. 윤석열 대통령은 대체 왜 계엄을 선포했던 걸까? 한국 민주주의는 어떻게 이 기간을 잘 통과할 수 있었을까? 우리 사법부는 재판을 공정하게 진행하고 있는 것일까? 조기 대선으로 탄생한 이재명 정부는 심화한 정치 갈등을 극복하고 국민 통합이라는 과제를 실현할 수 있을까? 그리고 이 시간을 지나온 우리가 앞으로 마주해야 할 한국 사회의 질문들은 무엇일까?

진보와 보수를 비롯한 정치권과 각 진영에 있는 우리 국민은 분노와 불안에 휩싸여 있다. 우리 사회에 내재된 분노와 불안은 상호 불신으로 이어져 극단의 진영 갈등이 계속되고 있다. 부정선거론과 같은 음모론과 혐오 정서를 바탕으로 한 분열의 정치는 갈수록 힘을 얻고 있다.

이 책은 우리 사회가 겪었던 그리고 여전히 겪고 있는 분노와 불안에 대한 이야기다. 구체적으로 12·3 내란 사태 이후 윤석열 대통령을 탄핵하고, 새 정부가 들어서는 과정까지 마이크 너머 방송 진행 현장에서 목격하고 느꼈던 소회와 기록을 담았다. 윤석열 대통령의 비상계엄 선포 이후 국회의 현장에서 혹은 광장에서 그때 그날의 목격자들의 증언과 목소리를 담은 기사와 방송은 많이 있었다. 하지만 뉴스 제작 현장을 지키고 있었던 앵커의 시선으로 남긴 그날의 기록은 거의 없는 것 같다. 그런 의미에서 12·3 내란 사태의 날 긴급 방송을 하면서 마주했던 그날의 기록을 정리하고, 국민과 함께 공감하고 아파했던 그때 그 시간을 독자들과 나누고자 한다. 그리고 이 나눔을 통해 우리 사회에 내재된 분노와 불안을 넘어 희망을 이야기하고 싶다.

지난 2021년 7월 12일 '진영을 넘어 공감으로'라는 멋진 슬로건 아래 〈박재홍의 한판승부〉(이하 〈한판승부〉)의 첫 방송이 시작됐다. 당시 나는 앵커로서 내 방송 진행 능력에 대해 확신할 수 없었다. 서로 다른 진영의 패널이 함께 질문하고 토론하는 새로운 포맷이었고, 생방송으로 그 사이에서 조정하는 역할을 잘할 수 있을지 자신이 없었기 때문이다. 제작진 역시 가보지 않은 길을 가야 하는 도전의 시간이었다. 지상파 TV와 라디오, 종합편성채널 등이 쏟아내는 뉴스 시사 프로그램들 속에서 〈한판승부〉만의 색깔과 인터뷰를 만들기 위해 제작진은 각고의 노력을 했다. 화제 인물들과의 단독 인터뷰와 〈한판승부〉만의 기획과 코너 등을 고민했고, 다른 방송에서 시도하지 않았던 새로운 평론가나 게스트를 발굴하는 노력도 했다.

이러한 노력이 쌓여 〈한판승부〉는 이제 5년 차 시사 프로그램이 되었다. 프로그램 유튜브 채널은 100만 구독자 돌파를 눈앞에 두면서 CBS 정통 시사 프로그램의 상징 〈시사자키 정관용입니다〉의 빈자리를 성공적으로 대체한 저녁 방송으로 자리 잡았다. 이 성공 뒤에는 밤낮으로 노력했던 PD, 작가 등 제작진의 노력과 부족한 진행자를 지원한 숨은 손길과 인내가 있었다. 〈한판승부〉가 받아야 할 칭찬이 있다면 오로지 그분들의 몫이다.

지난 5년간 방송을 진행하며 두 번의 대선(2022, 2025), 한 번의 총선(2024)과 지방선거(2022)를 경험했다. 5년 동안 쉽게 경험하기 힘든 정치적 빅 이벤트를 압축적으로 경험한 특별한 시기였다. 이 역사의 시간 속에서 국민은 불안해했고, 그 불안은 다음과 같은 질문으로 이어졌다. 한국의 민주주의는 지속가능한가? 상대 진영의 정치인은 대통령이 돼도 괜찮을까? 다음 세대에게 물려줄 우리 사회는 과연 안전한가? 〈한판승부〉는 지금까지 이러한 불안의 실체는 무엇이고, 이 불안은 어떻게 극복할 수 있을지 질문하고 또 질문했다. 이 책은 그 질문의 과정에 함께해주신 시청자들에 대한 감사 편지이자 22년 차 언론인으로서 방송에서는 다 풀어내지 못했던 사유의 기록이다.

2010년 보스턴 유학 시절 내게 가장 기억이 남은 수업은 데이비드 거건(David Gergen)의 리더십 수업이었다. 거건 교수는 미국 대통령을 4명이나 보좌했던 인물로 미국 대통령제와 대통령을 역임한 인물들의 모습을 생생하게 기억하고 있는 목격자이자 미국 정치의 살아 있는 역사였다. 수업의 마지막 날 그는 학생들에게 이렇게 당부했다.

"여러분, 항상 역사의 중심으로 가세요. 그리고 그곳에서 변화의 주인공이 되시길 바랍니다."

스승의 가르침은 내게 큰 울림을 주어 역사의 중심에서 앵커로서 질문하는 데 큰 자양분이 되었다. 진영을 넘어 질문으로, 이 실천적 사유는 계속되어야 한다. 〈한판승부〉의 마이크를 내려놓는 순간까지 앞으로도 최선을 다할 것이다.

    이 책이 나올 수 있도록 도움을 아끼지 않은 메디치미디어 관계자들, 그리고 〈한판승부〉의 여정에 함께했던 최고의 PD, 작가 등 제작진과 CBS는 물론 언론계 선후배 동료들에게 감사의 마음을 전한다. 무엇보다 시사 프로그램의 홍수 속에 〈한판승부〉를 사랑해주셨던 시청자들과 방송에 선뜻 출연해주었던 인터뷰 게스트들과 패널들의 힘이 아니었다면 진행자 박재홍은 존재할 수 없었을 것이다. 언제나 나의 편에서 무조건적인 사랑과 응원으로 함께해주시는 양가 부모님들과 가족들에게 깊은 사랑을 전한다. 이 책과 지난 나의 방송이 인정받고 칭찬받을 것이 있다면, 그것은 바로 오랜 시간 부족한 나를 인내하고 품어준 인연들 덕분이었음을 다시 한번 기억하고 싶다.

    끝으로 이 기록의 열매들이 분노와 불안의 정서가 가득한 한국 사회에 전하는 위로와 희망의 편지가 될 수 있기를 간절히 기도한다.

2025년 12월 목동에서
박재홍

1장 12·3 내란 사태, 역사의 시간을 걷다

명태균의 예언, "한 달이면 윤석열 정권은 끝날 거요!"

2024년 9월 5일 뉴스토마토가 김건희 여사의 총선 공천 개입 의혹을 최초 보도[1]했다. 그리고 9월 15일 명태균, 김영선, 이준석, 천하람 등의 '칠불사 회동' 기사가 보도되면서[2] 명태균이라는 이름이 세상에 알려지게 된다.

    명태균에 관한 세간의 평가는 다양하다. 사기꾼, 브로커, 여론조사 조작 등이 그에 관해 꼬리표처럼 따라오는 설명이다. 물론 사법적인 판단은 별도로 하고, 내가 직접 만난 명태균은 이야기를 과장하는 측면이 있지만 나의 질문에 대해서는 사실에 근접한 이야기를 하는 사람이었다. 10월 19일 토요일 창원에서 7시간 동안 단독으로 인터뷰하면서 느낀, 명태균의 말 속에 담긴 핵심 키워드는 '인정'이었다. 자신이 했던 역할만큼만 세상에 인정받고, 제대로 평가받고 싶다는 것이었다.

9월 5일 영부인의 총선 공천 개입 의혹 관련 뉴스토마토 보도가 나온 후 CBS 방송 대기실에서 만난 장성철 공론센터 소장이 내게 말했다.

"박 앵커님, 창원에서 먹구름이 몰려오고 있어요."

장성철 소장의 예언은 적중했다. 창원에서 시작된 먹구름은 여의도와 용산 한남동 대통령실을 향해 오기 시작했고, 그 먹구름은 정권의 종언을 이끌 쓰나미가 됐다. 명태균을 향한 언론의 취재 전쟁이 시작됐다. 〈한판승부〉 제작진 역시 언론 보도를 예의 주시하면서 명태균과 관련된 정보를 모으기 시작했다.

〈한판승부〉 생방송을 마친 10월 18일 금요일 밤이었다. 한 주의 방송을 마친 피곤한 시간이었지만 후배 기자들의 취재나 타사 보도를 통해 2차 정보를 접하기보다 명태균이라는 인물을 직접 만나 취재하고 싶은 열망이 들었다. '그래, 명태균이라는 사람을 직접 만나보자' 하는 결심이 선 후 이미 가지고 있던 명태균의 전화번호로 바로 전화를 걸었다. 예상외로 그는 바로 전화를 받았다. 앞서 언론을 통해 공개됐던 쩌렁쩌렁한 목소리였다.

"명태균 씨죠? 〈한판승부〉 박재홍입니다. 제가 창원에 내려가 직접 봬도 될지요?"

"껄껄껄. 아 네네. 저 같은 사람을 보러 창원까지 오시려고요? 음… 정말 오실 거면 내일 아침 일찍 오셨다가 오후에 올라가시죠."

어느새 정국의 태풍의 눈이 된 그 이름 명태균. 그의 음성을 직접 듣자 신경세포가 살아나며 취재 열망이 불타올랐다. 다음 날 새벽 5시, 창원으로 가는 KTX에 몸을 실었다.

KTX가 창원에 도착하자마자 미리 대기하고 있던 명태균을 만났다. 언론 보도를 통해 본 얼굴 그대로였고, 다리 수술 후 회복이 덜 되어 걷기 불편한 상태라고 했지만 대화를 나누는 데는 전혀 지장이 없었다. 명태균은 자신이 윤석열 부부와 함께했던 긴 시간을 풀어내기 전 내게 이렇게 질문했다.

"앵커님, 토끼와 거북이가 싸우면 누가 이길까요?"

"토끼가 이긴다는 게 동화 속 이야기 아닌가요?"

"바다에서 싸우면 거북이가 이깁니다. 저는 거북이가 바다에서 싸워서 이길 수 있게 하는 사람입니다. 여론조사 조작이요? 저는 마케터입니다. 판을 짜는 사람이에요."

자신을 마케터라고 소개한 명태균은 창원의 곳곳을 소개해가며 윤석열 부부와의 첫 만남부터 본인이 20대 대선 전에 어떤 역할을 했고, 대선 기간 윤석열 부부와 있었던 일화 등을 쉴 새 없이 설명했다.

"저는 윤석열 대통령이 명나라 주원장이 될 줄 알았습니다. 제 이야기로 책을 쓰면 분량이 열 권은 족히 넘을 거요."

명태균은 윤석열 부부의 무속 논란과 관련해 그들의 주위에 무속인 같은 사람이 많았다고 증언했다. 자신은 무속인은 아니지만, 평소에 직관력이 좀 있어서 이 부분이 김건희와 잘 맞았다고 했다. 명태균의 직관력 혹은 예지력이라 말할 수 있는 능력은 곁에서 일했던 강혜경의 2024년 10월 21일 국정감사 증언에서도 등장했다.[3] 이런 자신의 특별한 직감을 김건희가 먼저 알아봤고 그 인연이 대선 전부터 그 이후까지 계속 이어졌다고 했다.

"윤석열 대통령 부부랑 연락을 자주 하셨나 봐요."

"김건희 여사와는 거의 매일, 윤 대통령과도 자주 했는데 국민의힘 후보로 확정된 이후로는 일주일에 두세 번은 통화했죠."

명태균은 김건희와의 관계가 각별했는데, 그녀가 자신의 손금을 봐주기까지 했고 가족들과 영상 통화도 하는 등 정말 가깝게 지냈다고 했다. '윤핵관'을 비롯한 대통령실 관계자 그 누구도 자신이 윤 대통령 부부를 위해 무슨 일을 했는지 아무것도 모른다고 했다. 윤 대통령 부부에 대한 자신의 영향력은 그 어떤 국민의힘 정치인이나 캠프 참모를 압도한다는 것이었다.

"저는 서초동 아크로비스타 윤석열 후보 사저 방 안에 들어가 있던 놈이요. 김영선이요? 아크로비스타 1층 빵집에서나 (윤석열 후보를) 기다리는 거죠."

명태균과의 대화는 대개 이런 식으로 진행됐다. 어느 정도 사실에 기초해 자신의 역할이 어느 정도였는지 설명하고 이를 인정받고 싶어 했다. 정권 초기 무속 논란의 주인공 천공에 대한 이야기도 했다. 윤석열 부부가 어느 날 누군가가 천공의 말을 녹음해서 가져온 것을 자신에게 들려주었다고 한다. 녹음에 담긴 천공의 조언은 윤석열 후보가 국민의힘에서는 이미 당에 있었던 홍준표, 유승민을 이길 수 없으니, 당내 경선에 참여하지 말고 국민의힘을 당장 나오라고 했다는 것이다. 하지만 명태균은 자신이 천공이 하는 말을 들어보니 정치에 관해서 한 말은 다 엉터리니 듣지 말라 조언했고, 결국 윤석열 후보는 국민의힘에서 대선을 완주해 성공했다는 것이다.

"윤핵관들이 없었으면 윤석열 후보가 10%p 이상 차이로 이겼을 겁니다."

명태균이 했던 이야기 중 눈길을 끌었던 것은 허경영과의 일화였다. 허경영에게 전화해 자신을 "명왕성에 사는 명태균입니다"라고 소개하니 허경영이 웃으며 자신과 같은 과라며 찾아오라고 했다고 한다. 명태균은 20대 대선 당시 허경영이 여론조사에서 5% 이상 지지율을 얻고 있어 대선 주요 후보 토론자로 토론장에 들어왔을 경우, 포퓰리즘적인 그의 공약을 부각시켜서 민주당 이재명 후보의 기본소득 공약을 무력화시키려 했다는 일화도 공개했다. 하지만 허경영은 주요 후보자 토론에는 참석하지 못했고, 더 이상 인연은 이어지지 못했다고 했다.

역사에는 수많은 가정이 있지만 만약 명태균의 말대로 허경영 후보가 여야 주요 후보 토론회에 참여했다면 어떤 일이 벌어졌을까? 당시 대선 토론회 장면만큼은 아마도 더 화제가 됐을지 모르겠다.

명태균은 창원에서의 7시간 단독 인터뷰 이후 서울에 올라가면 〈한판승부〉에 출연하겠다고 약속했는데, 며칠이 지나고 첫 생방송 인터뷰[4]를 〈한판승부〉에서 1시간 동안 진행했다. 명태균은 윤석열-안철수 후보 단일화 과정에서 나눈 공동선대위원장과의 카카오톡 채팅 이미지도 우리 제작진에 단독으로 공개했다.[5] 이와 더불어 윤석열 후보가 국민의힘에 입당하는 시기 등을 자신과 조율했던 전말을 세상에 알리면서 〈한판승부〉는 시사 프로그램 중에서 명태균 관련 단독 보도를 가장 많이 한 곳이 되었다.[6]

2024년 9월 초 뉴스토마토의 첫 보도 이후 336일이 지난 2025년 9월 6일. 김건희는 특검의 공개 소환 조사에 처음 나서게 된다. 대한민국 검찰 치욕의 날로 기록된 서울중앙지검의 이른바 '출장 조사'[7] 이후, 김건희의 얼굴이 언론의 카메라에 나오기까지 정확히 1년이 걸렸다.

김건희가 특검의 첫 공개 조사에 나서면서 국민 앞에서 했던 첫마디는 "저같이 아무것도 아닌 사람"이라는 말이었다. 하지만 특검 수사를 통해 공개된 영부인의 행적을 본 국민이라면 '아무것도 아닌 사람'이라는 김건희의 진술에 공감할 사람은 단 한 사람도 없을 것이다.

김건희 특검이 수사한 공천 개입 의혹의 핵심은 김건희 여사가 명태균을 통해 김영선 전 의원의 2022년 6월 재보선과 2024년 총선 공천에 어떤 역할을 했냐는 것이었고, 명태균은 그 의혹의 중심에서 핵심 연결고리 역할을 했다. 세상을 흔들었던 명태균은 김영선 전 의원과 함께 2024년 11월 14일 구속된다.

2024년 11월 초 명태균은 구속되기 전 입장을 듣기 위해 이뤄진 마지막 통화에서 "내가 구속되고 한 달이면 윤석열 정권은 끝날 거요"라고 말했다.

해당 주장의 근거가 무엇이냐는 질문에는 구체적으로 답하지 않았다. 그저 현재 정치 상황과 지금까지 살펴본 민주당의 기세를 바탕으로 추론한 자신의 예측이라고만 말했다. 명태균은 구속 중이던 12월 2일 변호인을 통해 이른바 '황금폰'에 있는 사진과 통화 녹음 등 모든 기록을 전부 공개할 것이라는 메시지를 언론에 던지고, 그다음 날인 12월 3일 구속기소되면서 재판에 넘겨진다.

명태균이 황금폰 공개를 선언하며 세상 떠들썩하게 구속

기소되던 날인 12월 3일 밤 10시 23분. 윤석열 대통령은 정권 종말의 신호탄이 된 비상계엄을 선포한다. 윤석열 대통령은 무엇이 그리도 급했던 것일까? 늦은 밤 국민 앞에 상기된 얼굴로 나타나 발표한 정제되지 않은 비상계엄 선포문. 언론과 수많은 평론가들은 주로 비상계엄이 김건희 여사를 보호하기 위해 한 것이라고 해석했지만, 특검의 수사와 재판은 여전히 진행 중이기에 진실은 곧 드러날 것이다.

2024년 12월 14일. 윤석열 대통령 탄핵소추안이 국회를 통과하면서 대통령으로서의 직무는 정지됐고, 윤석열 정권은 정부 기능을 사실상 상실하게 된다. 명태균의 예언대로 윤석열 정권은 11월 14일 명태균 구속 이후 한 달 만에 끝났다.

명태균은 2024년 12월 3일 구속기소된 이후 창원지검의 수사가 아닌 특검 수사가 진행되면 좋겠다는 입장문을 변호인을 통해 언론에 밝혔다.[8] '명태균 게이트'에 대해 지금까지 세상에 드러난 사실도 있고, 앞으로 규명될 진실도 있을 것이다. 첫 만남에서 자신을 마케터로 소개했던 명태균. 그의 고백대로 앞으로 남은 특검 수사와 재판을 통해 진실이 온전히 드러나길 기대한다.

윤석열 대통령,
국민에게 총구를 겨누다

2024년 12월 3일, 〈한판승부〉 생방송을 마치고 평범한 저녁을 보내고 있었다. 대개는 바로 잠을 청하는 게 일상이었지만 그날은 아이들이 일찍 귀가하여 함께 야식을 간단히 먹고 예능을 보려던 참이었다. 갑자기 TV 화면이 바뀌고 윤석열 대통령이 등장해 격앙된 어조로 준비한 원고를 읽어 내려갔다. 이 밤에 대통령이 대체 무슨 대국민 메시지를 전하려고 하는 것일까라는 의문이 들었다.

24시간 뉴스를 모니터하는 〈한판승부〉 제작진 단체 채팅방에도 후배들이 메시지를 올리기 시작했다.

"선배, 뭔가 싸한 느낌이 드는데요."

윤 대통령은 평상시와 어딘가 달랐다. 얼굴은 상기되어 있었고 대국민 담화 현장과 발표하는 문장 또한 준비된 것이라고 보기 어려웠다. 이윽고 5,200만 국민들에게 잊지 못할 강력한 트라우마가 되어버린 12·3 내란 사태, 그 비현실적인 밤을 선사한 문장이 상기된 대통령의 입에서 나왔다.

"저는 북한 공산 세력의 위협으로부터 자유대한민국을 수호하고, 우리 국민의 자유와 행복을 약탈하고 있는 파렴치한 종북 반국가 세력을 일거에 척결하고 자유 헌정 질서를 지키기 위해 비상계엄을 선포합니다."

비상계엄? 내가 아는 그 계엄? 초현실적인 한 문장이 똑똑히 귀에 들렸고 그것은 곧 현실이 되었다. 민주당의 다수당 횡포가 있었다고 하더라도, 내년도 예산안에서 아이돌봄 지원 수당 384억, 재해 대책 예비비 1조 원이 삭감되었다 해도, 그것이 계엄 선포의 이유가 되는가? 이는 여당과 야당, 정부가 정치로 해결해야 할 문제였다.

대통령의 비상계엄 선포문을 듣고 반사적으로 회사 제작국장, 보도국장 등 주요 간부들과 통화를 했다. 입사 동기인 손명회 제작국장과 계엄 특보를 준비하기로 하고 옷을 주섬주섬 챙겨 회사로 출발할 준비를 했다. 생각해보니 지금 집을 나서면, 정말 계엄이 선포된 것이 맞다면, 나는 방송을 마치고 바로 집에 돌아오지 못할 수 있다는 사실도 직감했다. 계엄군과 실랑이 혹은 대치할 상황이 생길 수도 있으니 이틀 치 옷을 주섬주섬 챙기며 가족들에게 말했다.

"적어도 오늘 밤에는 돌아오지 못할 거야."

그러자 고등학생 딸아이가 뭔가를 직감한 듯 울먹이며 말했다.

"아빠… 나 계엄이 뭔지 알아. 회사 가지 마…."

"아빠 반드시 돌아올 거니까 걱정하지 마."

오히려 아내와 아들은 의기 좋게 방송 잘하고 오라는 말로 나의 마음을 편하게 해주었다. 현관문 앞에서 울먹이는 딸아이를 꼭 안아주고 난 후 현관문을 나섰다. 아파트 주차장의 차에 올라 어쩌면 마지막 방송이 될 수 있을 회사를 향해 자동차의 속도를 높였다. 혼자 1인 방송을 할 수는 없는 일이기에 함께 계엄 상황을 전할 정치평론가를 순간적으로 머릿속에서 떠올리고 바로 전화했다.

"뉴스 보셨죠? 계엄이 선포됐네요. 지금 목동 CBS 스튜디오로 와주세요."

"박 앵커님, 제가 지금 갈 수 없는 곳에 있어요. 그런데 오늘 방송하시면서 몸조심하세요. 계엄 선포 후 시범 케이스로 체포되지 않기를 바랄게요."

비상계엄. 그 계엄이라는 무시무시한 단어 하나로 대한민국의 일상은 그렇게 초현실적인 상황으로 유린되어 갔다. 소설

《소년이 온다》를 통해 5·18 광주의 기억과 트라우마를 섬세하게 그려냈던 한강 작가의 노벨문학상 수상의 쾌거를 기뻐해야 할 그날에 우리는 다시 광주의 기억, 그 계엄의 트라우마를 다시 경험해야 할 처지였다. 12월 6일 스웨덴 스톡홀름 노벨상박물관에서 열린 노벨문학상 수상 기념 기자회견에서 한강 작가는 계엄령 소식에 큰 충격을 받았다고 고백했다. 5·18 광주의 기억을 문학으로 치유한 것을 전 세계가 박수를 치는 상황에서 다시 계엄령이 선포된다는 것, 이게 대체 말이 되는 상황인가?

윤석열 대통령의 계엄령 선포 후 계엄사령부는 다음과 같은 내용의 계엄포고령을 발표했다.

제목: 계엄사령부 포고령(제1호)

자유대한민국 내부에 암약하고 있는 반국가 세력의 대한민국 체제 전복 위협으로부터 자유민주주의를 수호하고, 국민의 안전을 지키기 위해 2024년 12월 3일 23:00부로 대한민국 전역에 다음 사항을 포고합니다.

1. 국회와 지방의회, 정당의 활동과 정치적 결사, 집회, 시위 등 일체의 정치활동을 금한다.
2. 자유민주주의 체제를 부정하거나, 전복을 기도하는 일체의

행위를 금하고, 가짜뉴스, 여론 조작, 허위 선동을 금한다.

3. 모든 언론과 출판은 계엄사의 통제를 받는다.
4. 사회 혼란을 조장하는 파업, 태업, 집회행위를 금한다.
5. 전공의를 비롯하여 파업 중이거나 의료 현장을 이탈한 모든 의료인은 48시간 내 본업에 복귀하여 충실히 근무하고 위반 시는 계엄법에 의해 처단한다.
6. 반국가세력 등 체제전복세력을 제외한 선량한 일반 국민들은 일상생활에 불편을 최소화할 수 있도록 조치한다.

이상의 포고령 위반자에 대해서는 대한민국 계엄법 제9조(계엄사령관 특별조치권)에 의하여 영장 없이 체포, 구금, 압수수색을 할 수 있으며, 계엄법 제14조(벌칙)에 의하여 처단한다.

2024.12.3.(화) 계엄사령관 육군대장 박안수

"모든 언론과 출판은 계엄사의 통제를 받는다." 계엄사령관의 이 포고령 조항을 보니 비상계엄이 비로소 현실로 다가왔다. 무작정 달려온 회사엔 다행히 계엄군이 도착하지 않은 상황이었다. 제작국장과 방송의 얼개만 잡은 후 보도국 기자 2명, 평론가 1명이 같이 방송하는 것으로 결정하고 실시간으로 국민들에게 비상계엄 상황을 전달하기로 했다. 생방송 중 계엄군이

들이닥치면 방송을 끊어야 하는 상황이 발생할 수도 있기에 페이스북을 켜고 SNS 라이브로도 방송 장면을 송출했다.

"국민 여러분 안녕하십니까? 박재홍입니다. 윤석열 대통령이 조금 전인 10시 23분에 전 국민에 비상계엄을 선포했습니다. 이것은 실제 상황입니다. 국민 여러분 윤석열 대통령이 비상계엄을 선포했습니다."

12월 4일 0시가 되자 계엄군이 국회에 투입되어 유리창을 깨고 진입하기 시작했다. 국회 경내에는 국회의원 보좌관과 직원들이 사무용 가구들로 바리케이드를 쳤고, 계엄군을 향해 소화기를 뿌렸다.

총을 들고 무장한 계엄군은 최정예 국군 특수부대의 모습을 하고 있었다. 고급 야간투시경에 방탄복까지 갖춰 입었고 특수부대용 소총과 각종 특수 장비도 갖추고 있었다.[9] 계엄군의 국회 장악은 시간 문제로 보였다. 서울의 밤하늘에 뜬 헬기가 국회 경내에도 착륙했다. SNS에는 헬기 소리가 들려 걱정이 된다는 글들이 올라왔다. 순간 1980년 5월의 광주에서 헬기가 시민들 위로 날아다니며 기관총을 쐈다는 증언이 기억났다.

'아… 이대로 정말 끝이 나는 것인가?'

CBS 3층 표준FM 주조에서 함께 방송하던 권영철 대기자는 계엄사령관이 발표한 포고령 1조에 담긴 국회의 활동을 금한다는 조항 자체가 이미 위헌임을 지적했다. 헌법상 대통령이 비상계엄을 선포하더라도 국회 활동은 방해할 수 없다. 그 기본적인 사실조차 모른 채 윤석열 대통령은 계엄포고령을 발표한 것이다.

함께 비상 방송을 진행하던 김수민 평론가는 대통령이 계엄 선포의 여러 가지 이유 중 하나로 내세운 '아이돌봄 지원수당 384억 삭감'은 세계 정치 역사상 유래를 찾아볼 수 없는 초유의 계엄 사유가 될 것이라고 일갈했다.

스튜디오에 있던 이준규 기자는 현장에 나간 CBS 보도국 기자들을 통해 지금 의원들이 국회 본회의장에 속속 들어가고 있다는 소식을 전해왔다. 분노한 시민들도 민주주의 수호를 위해 국회 앞으로 모이고 있었다. 더불어 우원식 국회의장이 본회의 표결의 절차상 문제가 없도록 냉정하지만 신속하게 안건을 처리하려고 하는 상황도 타전됐다. 비상계엄이 위헌이었던 만큼 국회의 비상계엄 해제 의결 과정은 절차적 정당성을 갖추는 것이 더욱 중요했다. 그래서인지 우원식 의장은 계엄 해제 절차를 합법적으로 처리하려고 했다.

"아직 안건이 들어오지 않았습니다. 이런 경우 절차가 제일 중요하기 때문에 기다려야 합니다."

그리고 12월 4일 새벽 1시. 우원식 의장은 안건이 상정된 직후 바로 의결을 진행했다. 5분도 걸리지 않았다. 이 소식을 바로 속보로 타전했다.

"국민 여러분, 방금 국회 재석 190인 중 190인의 찬성으로 계엄 해제 결의안이 통과됐습니다. 국민 여러분 이제 안심하십시오. 윤석열 대통령은 이제 국회의 요구대로 비상계엄을 해제해야 합니다."

국회 앞으로 적극적으로 달려와주었던 시민들과 임무 수행에 소극적으로 임했던 계엄군 덕분에 국회가 시간을 벌어 계엄을 막아낼 수 있었다. 우원식 의장은 비상계엄 해제 요구 결의안을 의결한 직후 윤석열 대통령에게 비상계엄 즉시 해제를 요구했다. 군경에도 원대 복귀를 촉구했다. 재석 190인 중 190인의 찬성으로 계엄 해제 결의안은 계엄 선포 3시간 30여 분 만에 통과됐다.

12·3 내란 사태의 밤에 담장을 넘어 국회 본회의장에 들어갔던 우원식 의장은 계엄 해제 표결 직후 이렇게 말했다.

"제가 오늘 의결하고 한말씀 드리겠습니다. 국회의 의결에 따라 대통령은 즉시 비상계엄을 해제해야 합니다. 이제 비상계엄 선포는 무효입니다. 국민 여러분께서는 안심하시기 바랍니다. 국회는 국민과 함께 민주주의를 지키겠습니다. 국회 경내에 들어와 있는 군경은 당장 국회 바깥으로 나가주시기 바랍니다. 이상입니다."

대한민국 국회의원의 정원은 300명이고 당시 본회의장에 도착하지 못했던 의원은 110명이다. 무엇보다 108석을 보유한 정부 여당이었던 당시 국민의힘의 지도부, 특히 추경호 전 원내대표와 당사에 모여 우왕좌왕하며 고의로 계엄 해제 표결을 지연시킨 게 아니냐는 의혹을 받고 있는 몇몇 국민의힘 의원들의 행적은 특검의 수사를 통해 낱낱이 밝혀져야 할 것이다.[10]

밤 11시부터 시작한 CBS 비상계엄 특보는 헌정사상 처음으로 군복을 입은 계엄군이 국회 창문을 부수고 경내에 총을 들고 진입한 놀랍도록 비현실적인 상황을 기록하며 새벽 2시 30분까지 진행됐다.

새벽 3시. 2층 제작국 사무실에 내려오니 새벽 방송을 준비하는 〈김현정의 뉴스쇼〉 제작진이 분주하게 움직이고 있었다. 날이 밝으면 우리가 지난밤 마주했던 시간의 정체가 무엇인지 복기하며 좀 더 구체적으로 직면할 수 있을 터였다.

새벽 4시 30분. 윤석열 대통령은 국회의 비상계엄 해제 결의를 수용한다고 발표했다. 대한민국 민주주의의 전대미문의 흑역사로 기록될 현직 대통령의 친위 쿠데타인 12·3 내란 사태의 밤은 그렇게 끝이 났다. 부지불식간에 초대형 교통사고를 당했지만 천운으로 죽음을 면한 환자가 이후 다가올 엄청난 후유증을 감당해야 하는 것처럼, 한국 사회는 이제부터 감내해야 할 엄청난 대가와 시간이 기다리고 있었다.

뉴스도 때론
눈물을 흘린다

국회의 극적인 의결로 비상계엄이 해제된 후 이제 대한민국은 지난밤 대체 무슨 일이 일어난 것인지 복기해야 했다. 나는 대통령의 계엄 선포부터 해제까지 4시간 특집 방송을 새벽 3시경까지 진행한 뒤, 오후 12시부터 비상계엄 특집 방송을 시작했다. 방송 게스트로 박원석 전 정의당 의원, 금태섭 전 민주당 의원 두 분이 함께했다.

두 사람 모두 국회의원 출신이었고, 금태섭 전 의원의 경우는 박근혜 전 대통령 탄핵소추 의견서를 썼던 법률가였기에 방송 시작부터 비상계엄의 불법성에 대해 통렬히 비판했다.

유리창을 깨고 총을 들고 국회 경내로 들어가는 계엄군,

국회 잔디밭에 착륙한 헬기, 계엄군의 국회 진입을 막기 위해 집에서 뛰쳐나와 국회 앞을 가득 메웠던 시민들, 시민들과 계엄군이 총부리를 사이에 두고 몸싸움을 하며 밀고 밀리는 모습까지, 이 모든 장면이 전국에 생중계됐다. 민의의 전당 대한민국 국회는 소화기 분사로 인한 뿌연 연기 속에 아수라장이 되어 있었다.

그 역사의 시간을 마주한 순간, 1980년 5월 신군부의 '화려한 외출'을 감행한 계엄군의 무자비한 총칼에 스러져간 광주의 눈물들이 생각났다. 소설《소년이 온다》의 한강 작가가 노벨문학상을 수상하며 대한민국 문학의 쾌거를 생중계한 즈음에 다시 마주하는 우리의 현실은 너무나 비현실적이었다. 계엄군이 유리창을 깨고 국회에 진입하는 장면이 나오자 박원석 전 의원이 통렬히 지적했다.

"바로 저 장면이죠. 계엄군이 시민을 향해 총구를 겨눴고 몸싸움이 발생했네요. 저기에 대체 무슨 충정이 있습니까? 반역 행위를 한 건데."

화면 속에서 시민들의 분노의 함성과 처절한 불안의 눈빛이 보였다. 우리가 지금 왜 비상계엄을 겪어야 하는지에 대한 억울함과 울분이 있었다. 국회의원과 시민을 향해 총을 응사하지 않고 그저 들고만 서 있는 계엄군의 모습에서도 자신들의 임무를 도저히 이해할 수 없다는 자괴감이 느껴졌다. 세계 최고 수준의 정예 국군 장병들의 명예가 사라졌다. 이 참담한 장면을 마주하며 방송 멘트를 이어가는 찰나, 내 양쪽 볼에 눈물이 주르륵 흘러내렸다.

'아… 이런'

내 마음속에서 당황스러운 목소리가 들렸다. 생방송이라는 상황도 잊을 만큼 분노하고 참담했던 것일까? 박원석 전 의원도 나의 눈물을 인지했는지 일부러 본인 멘트를 길게 하면서 내가 상황을 정리할 시간을 주었다. 급하게 눈물을 훔치고 얼굴을 추스르고 난 후 멘트를 시작했다.

"헬기가… 국회에 착륙하고, 무장한 계엄군의 총구가 시민들을 향한 이 장면을 보고 있자니 너무나 비현실적이고… 국민들의 분노는 더욱 커질 것 같습니다."

또다시 더 이상 멘트를 할 수 없는 상황에 이르러 금태섭 전 의원에게 마이크를 넘겼다. 역시 경험 많은 금태섭 전 의원이 명쾌하게 다음 상황을 이어가며 비상계엄의 위법성에 대해 설명해주었다. 이후 방송을 무슨 생각으로 진행했는지도 잘 기억나지 않는다. 뭔가 겸연쩍었고 프로답지 않았다는 생각에 부끄러움이 몰려왔다. 일단 방송을 마무리해야겠다는 생각만 들었던 것 같다.

방송 중 흘린 눈물에 대해 변명하자면 어렵게 성취한 대한민국의 민주주의가 다시 퇴행하고 있는 것에 대한 깊은 슬픔과 절망의 표현이었다. 최정예 707 특수부대원들이 총을 들고 국회로 진입하는 장면을 비롯한 모든 상황이 전 세계 언론과 방송에 전송되는 현실이 너무나 비현실적이었다. 우리 국군의 주적이 국민이 되다니, 이건 민주주의 후진국에서나 볼 수 있는 국가 반역 행위였다.

대한민국을 향한 반역 행위이자 친위 쿠데타가 일어난 현실을 정신을 차리고 차분하게 다시 직시하며, 지난 새벽에 목격한 상황과는 또 다른 차원의 현실이 눈앞에 펼쳐지는 것을 보자 가슴 한편에서 뜨거운 슬픔과 분노가 올라온 것이었다.

김용현 국방부 장관이 계엄 선포가 있기 몇 달 전 국회에서 민주당 의원들의 질의에 답변할 때 왜 그토록 오만하게 대답하며 비정상적으로 대응했었는지 그제야 그 공격적인 눈빛이 이해되었다. 이 사람들은 계엄을 하려고 단단히 벼르고 있었던 게 분명했다.

특집 방송 후 나의 눈물은 비상계엄에 분노하고 다시 40여 년 전으로 퇴행한 우리 민주주의를 목도하는 참담함에 흘리는 공감의 눈물이 되었다. 해당 영상은 〈한판승부〉 채널에서만 50만 뷰 이상을 기록하며 수천 개의 '좋아요'와 '댓글'이 달렸고, 다른 유튜브 채널과 SNS로 영상이 공유되면서 확대 재생산되었다. 한국 민주주의가 사망한 날, 함께 울고 분노하는 공감의 에너지가 퍼져나갔다. 사실 방송 중 진행자로서 감정을 추스르지 못했다는 자책도 있었지만 내 눈물에 공감하며 위로받은 분들도 많았다는 반응이 이어지면서 마음은 한결 가벼워졌다.

2025년 12월, 다시 겨울이 찾아왔다. 1년의 세월이 지났지만 기억엔 힘이 있다. 특히 공통의 기억은 힘이 있다. 여전히 지난해 12월 4일 방송 중 흘렸던 앵커의 눈물, 뉴스의 눈물을 기억해주시는 분들이 많다. 그때 공감해서 함께 울었다는 분들을 뵐 때마다 잔잔한 힘을 얻으며, 그분들과 12·3 내란 사태 이후 헌정 질서의 회복과 민주주의 수호라는 연대 의식으로 깊이 연결되어 있다는 믿음을 갖게 됐다.

비록 울보 앵커일지언정 앞으로도 국민의 편에서 국민의 공감을 얻을 수 있는 방송을 계속하고 싶다. 12·3 내란 사태, 그 역사의 시간을 지나며 알게 된 사실이 있다. 뉴스도 때로는 눈물을 흘린다는 것. 그 눈물에 시청자들이 깊이 공감할 때 뉴스의 진실은 더욱 잘 전달된다는 것. 뉴스 안에서 공감하며 시청자들과 동시대에 서로 연결된 기억은 앞으로의 언론인 생활에도 큰 자산이 될 것이라 믿는다.

현직 앵커의
첫 윤석열 퇴진 시국선언

분노. 깊은 분노를 느꼈다. 침묵할 수 없는 이 분노의 시간은 결국 시국선언으로 이어졌다. 엄중한 역사의 시간을 마주한 언론인으로서 중립적인 거리두기를 넘어선 행동의 기록이 필요한 시점이라 판단했기 때문이다.

12·3 내란 사태 사흘이 지나면서 윤석열 전 대통령의 행위가 우리 헌정 질서 안에서 무슨 의미를 지니는 것인지 의미의 조각들이 하나둘 맞춰지기 시작했다. 이 혼돈의 상황에서 이대로 가만히 있을 수는 없었다. 하지만 〈한판승부〉 생방송 중에 윤석열 대통령 퇴진을 주장한다면 함께 일하는 제작진과 프로그램에 혹시라도 부담을 줄 수도 있는 일이었다. 그래서 선택

한 방안이 내 페이스북에 입장을 내는 것이었다.

〈시국선언문〉

국민 여러분, 윤석열은 더 이상 대통령직을 수행하면 안 됩니다.
이것은 실제 상황이었습니다. 국회에 우리 국군의 헬기가 착륙했고, 실탄을 휴대한 계엄군이 국회의 창문을 부수고 들어왔으며 국회의장, 여야 당대표 체포조가 실제 가동된 민주주의 파괴와 유린의 시간이었습니다.
한동훈 국민의힘 당대표실에 매복해 있던 계엄군들의 영상이 나왔습니다. 이재명 당대표 체포 임무를 부여받았던 계엄군의 증언도 나왔고, 실제로 당대표실의 문은 파괴되어 있었습니다. 700m 거리에서도 명중한다는 저격용 장총으로 무장한 스나이퍼 저격수들이 국회 잔디밭과 경내에서 대기 중이었습니다.
만약 국회의 계엄해제 요구안 결의가 10분이라도 늦었다면, 대한민국 국회는 피바다가 되었을지 모르는 진실로 위중하고 엄중한 상황들이 확인되고 있습니다.
그런데, 이 잔인한 역사의 시간이 48시간도 지나지 않은 시점에 국민들에게 설명하는 단어는 '경고성 계엄'이었다는 참담한 레토릭들입니다.
더 이상 이 잔인한 역사의 시간에 침묵하지 않겠습니다.
윤석열은 퇴진해야 합니다.

"윤석열은 퇴진해야 합니다." 단명한 한 문장을 글의 마지막 문장으로 썼다. 만약 계엄이 성공했다면 더는 방송을 할 수 없었을 것이다. 비상계엄의 실패로 어쩌면 덤으로 얻게 된 언론인 생활이었기에 미련은 없었다. 그리고 내가 속한 CBS라는 공동체 안에서 이러한 비판적 행동은 언제나 용인될 수 있고 동료들의 지지도 받을 수 있다는 확신이 있었다.

윤석열 대통령 퇴진에 대한 공개적인 입장 표명 이후 미디어스에서 개별 언론인으로서 첫 퇴진 요구 시국선언이라는 기사를 냈다. 기사를 보고 '내가 처음이라고?' 하는 다소 당황스러운 생각이 들었지만 그게 무엇이 중요하랴. 이미 많은 언론인이 취재 현장에서 몸으로, 혹은 목소리로 대통령 윤석열의 퇴진을 외치고 있는 터였다. 미디어스의 보도 이후 미디어오늘, 뉴스엔 등 몇몇 언론들도 나의 입장을 기사화하기 시작했다.[11]

미디어오늘 기자가 기사를 쓰기 전 내게 현직 앵커가 특정 사안에 대해 공개적인 입장 표명을 한 것에 대한 우려는 없는지 물었다. 그 질문에 대해 반헌법적인 비상계엄 선포라는 사안의 중대성을 먼저 고려해 판단했다고 말했다. 보수와 진보의 문제가 아니라 대한민국의 헌정 질서와 민주주의의 근본을 흔드는 일이었기에 앵커가 '거리두기'할 사안이 아니라고 판단했고, 국민에게 사태의 위중함과 엄중함을 더 정확히 전달해드리기 위해서라도 언론인으로서 명확한 입장 표명이 필요했다고 답변했다.

　12·3 내란 사태의 밤 이후 모든 정황으로 볼 때 윤석열 대통령이 계엄군에 국회를 장악하라고 지시한 것이 명확했다. 무엇보다 실제 유혈 사태가 벌어질 수도 있는 순간이 있었다. 국회에 진입한 계엄군의 총기에서 공포탄이나 실탄이 한 발이라도 격발되었다면? 계엄군의 무리한 행동으로 시민 한 명이라도 피를 흘렸다면? 단언컨대 오늘 이 시간 우리가 마주하는 역사는 달라졌을 것이다.

　따라서 이젠 뉴스 전달을 넘어선 사건에 대한 정확한 판단을 제공해야 한다고 생각했다. 내 시국선언이 우리가 마주했던 비현실적인 시간이 명백히 헌정 질서를 뒤흔든 역사적 퇴행임을 알리는 조그마한 벽돌이라도 되길 바랐다.

　그 후 이미 윤석열 퇴진을 촉구했던 전국언론노조를 비롯해 언론인 단체 소속 회원들의 성명서가 잇따라 발표되었다. 일주일 후에는 대한민국 언론인 4,400여 명의 이름이 기록된 윤석열 대통령 퇴진을 촉구하는 연대 성명서가 발표되었다. 12월 9일 CBS 보도국과 제작국에서는 윤석열의 비상계엄 선포를 '12·3 내란 사태'로 공식 명명해 보도하기 시작했고 MBC, JTBC 등 주요 언론사들의 논조도 윤석열 퇴진으로 모아지고 있었다.

홍장원의 증언,
"저 707 중대장 출신입니다"

2025년 2월 14일 홍장원 전 국정원 1차장이 〈한판승부〉와 인터뷰를 했다. 국회에서 윤석열 대통령의 국회의원 체포 지시를 전 국민 앞에 공개한 이후 시사 프로그램 단독 인터뷰는 처음이었다.[12]

"의원님 집에 가서서 편안하게 가족들하고 저녁 식사하고 TV 보시는데 방첩사 수사관과 국정원 조사관들이 뛰어들어서 수갑 채워서 벙커에 갖다 넣었다, 대한민국이 그러면 안 되는 거 아닙니까? 그런 게 매일매일 일어나는 나라가 하나 있습니다. 어디? 평양, 그런 일을 하는 기관 어디? 북한 보위부, 이상입니다."

2025년 1월 22일 국회 국정조사 특별위원회 전체회의에서 홍 전 차장이 한 발언은 전 국민에게 각인되었다. 이후 홍 전 차장이 모든 언론과 방송의 인터뷰와 취재의 대상이 된 것은 당연한 일이었다. 하지만 그는 30여 년간 국정원 직원으로 일했던 탓에 언론과의 인터뷰에 신중했던 것 같다. 그런 의미에서 홍 전 차장과의 인터뷰 성사는 진행자로서도 매우 설레는 일이었다.

2월 14일 오후 처음 만난 홍장원 전 차장의 첫인상은 영화 '007' 시리즈의 제임스 본드 같았다. 익히 알려진 대로 국정원 블랙요원으로서 각종 무술과 운동으로 다져진 탄탄한 체구에 미국 보스턴대학교와 영국 런던대학교 유학 생활로 다져진 교양과 지성이 묻어나는 영국 신사의 느낌이었다. CBS 스튜디오에 도착한 그가 내게 말했다.

"제가 참 〈한판승부〉의 애청자여서 박 앵커가 오래전부터 아는 사람으로 보입니다."

수많은 방송과 언론에서 섭외 요청이 있었을 텐데 〈한판승부〉의 섭외에 응한 이유를 물어보니 평상시 애청자였고 자신의 말을 제대로 들어줄 수 있는 프로그램이라는 믿음이 있었기 때문이라고 했다.

홍 전 차장이 〈한판승부〉에서 단독으로 공개하려고 가져온 자료가 있었다. 그것은 바로 비상계엄 당시 국군방첩사령부

(방첩사)가 구금할 정치인 체포 명단 메모였다. 12월 3일 밤 10시 53분 즈음 "이번에 다 잡아들여서 싹 다 정리해라"라고 말한 윤석열 대통령과의 전화 통화 이후, 여인형 방첩사령관에게서 받은 체포 명단을 당시 메모해둔 종이였다. 당시 이재명 더불어민주당대표, 우원식 국회의장, 한동훈 국민의힘 대표, 김명수 전 대법원장 등의 이름이 적혀 있는 그 메모였다. 홍 전 차장은 당시 체포 명단 메모를 앞서 검찰에 제출했지만, 검찰에서 자료를 돌려주어서 원본을 본인이 보관하고 있었다. 명민한 홍 전 차장은 방송 중 스튜디오 카메라에 메모가 뚜렷하게 찍힐 수 있도록 천천히 메모를 보여줬다.

국정원 요원들은 훈련을 통해 자신들의 존재를 드러내지 않도록 내면화한 사람들이다. 특히나 블랙요원 출신들은 더욱 그렇다. 그렇다면 홍 전 차장은 왜 〈한판승부〉와 인터뷰하려고 했던 것일까? 인터뷰가 진행된 2월 14일 하루 전인 2월 13일 조태용 국정원장이 윤석열 대통령 탄핵심판 제8차 변론에 출석해서 "홍장원 전 국정원 1차장이 설명한 내용의 뼈대는 사실과 다르다"며 국가 보안 시설인 국정원의 CCTV 속 홍 전 차장의 모습까지 공개하면서 그의 증언을 허위로 몰아갔기 때문이었다.

1월 22일 홍 전 차장은 국회 내란혐의 국정조사특위에 출석해서 윤석열 대통령의 국회의원 체포 지시를 가장 명확하고 단호하게 증언하면서 사실상 계엄 사태에 대한 상식적인 수준에서의 판단을 종결시켰었다. 하지만 비상계엄을 옹호하던 세력들이 조태용 국정원장의 반론에 힘을 얻고 일제히 증언의 신빙성을 문제 삼기 시작했기에 추가 반론이 필요한 시기였다. 그런 의미에서 곧바로 이어진 〈한판승부〉 인터뷰는 너무나 중요했다.

홍 전 차장은 자신의 롤모델로까지 생각했던 조태용 국정원장이 국가 보안 시설인 국가정보원의 CCTV를 공개하면서까지 자신의 증언을 공격할지 몰랐다며 비상계엄의 밤 자신의 동선에 대해 "초 단위로 알고 싶다"며 직격탄을 날렸다.[13]

그의 시사 프로그램 첫 단독 인터뷰는 예상대로 큰 파장을 일으켰다. 〈한판승부〉 유튜브 채널에 올라간 해당 영상의 조회수만 232만 회, 9만 개의 '좋아요', 1만 5,000여 개의 댓글을 기록했다.[14] 방송 직후 타 방송과 언론, 유튜브 채널에서 인터뷰가 인용되고 확대 재생산되면서 비상계엄의 진실과 윤석열의 국회의원 체포 직접 지시를 입증할 핵심 내용이 되었다.

1시간 동안의 인터뷰 중 가장 기억에 남는 부분은 홍 전 차장이 12·3 내란 사태에 예민하게 반응했던 이유에 대한 설명이었다.

"저 707 중대장 출신입니다. 80년대 특전사에서 707 중대장을 했기 때문에 제 부하 중에 광주에 갔다 온 사람도 있었습니다. 그 사람들이 나이를 먹으면서 얼마나 큰 트라우마를 겪었는지 지켜본 것이 있기 때문에 어쩌면 이 사건에 더 예민할 수 있었던 것 같습니다."

역사에는 힘이 있다. 특히 공통의 경험은 집단의 기억으로 남아 사회를 구원하는 힘으로 작동하기도 한다. 노벨문학상을 수상한 한강 작가는 1980년 5월의 광주와 2025년 12월 서울의 계엄군의 모습이 달랐던 것은 계엄군이 자신들의 임무에 소극적으로 임했기 때문이라고 말했다.[15]

나는 홍 전 차장이 말한 광주에 투입됐던 특전사 장병의 트라우마에 주목했다. 트라우마 속 1980년 5월의 광주가 40여 년이 지나 2025년 12월의 서울을 구한 것이다. 1980년 5월의 광주로 인해 일생의 트라우마로 고통받았던 계엄군의 기억이 후배 특전사들의 기억에 연결되어 소극적 임무 수행이라는 힘을 발휘했다. 이로 인해 대통령의 발포 명령을 받았기에 쏘았을 뿐이라거나 대통령이 문을 부수고 체포하라고 해서 이재명도, 한동훈도 잡은 것이라고 주장하는 특전사가 존재하지 않게 되었다. 오늘의 '악의 평범성'이 설 자리를 과거의 기억이 내어주지 않은 것이다.

헌재의 최종 판단에서 홍 전 차장의 증언은 매우 중요하게 인용되었다. 윤석열 측이 홍 전 차장이 한 증언의 신빙성을 문제 삼고자 공격했지만 헌재가 이를 인정하지 않은 것이다.

국방부 장관은 필요시 체포할 목적으로 국군방첩사령관에게 국회의장, 각 정당대표 등 14명의 위치를 확인하라고 지시하였습니다. 피청구인은 국가정보원 1차장에게 전화하여 국군방첩사령부를 지원하라고 하였고, 국군방첩사령관은 국가정보원 1차장에게 위 사람들에 대한 위치 확인을 요청하였습니다.

이와 같이 피청구인은 군경을 투입하여 국회의원의 국회 출입을 통제하는 한편, 이들을 끌어내라고 지시함으로써 국회의 권한 행사를 방해하였으므로, 국회에 계엄해제요구권을 부여한 헌법 조항을 위반하였고, 국회의원의 심의·표결권, 불체포특권을 침해하였습니다. 또한 각 정당의 대표 등에 대한 위치 확인 시도에 관여함으로써 정당 활동의 자유를 침해하였습니다.

홍 전 차장과의 인터뷰 중 그가 군인 출신으로서 국군 장병을 위해 국민에게 전한 말은 〈한판승부〉 시청자들의 심금을 울렸다.

"707 요원들은 그날 '헬기에 탑승해'라는 말을 듣고 탔을 거 아니에요. 그런데 국회로 간다는 걸 듣지 못했다는 거 아니에요.… '야 드디어 우리가 작전을 하는구나. 평양에 내릴 수도 있겠구나'라는 생각으로 탑승하지 않았겠습니까. 무슨 뜻이냐 하면 '내가 돌아오지 못할 수도 있어. 내가 전투에 나가는 거야. 작전을 나가는 거야'. 그 많은 707 용사들은 죽음이라는 것을 뒷전에 두고 임무 완수를 위해서 헬기에 탑승한 거예요. 저는 국민들께서 군복 입은 사람들에 대해서 많은 실망을 하셨겠지만, 그 순간 많은 군인의 마음속에는 진정으로 충성심이 있었다는 부분을 잊지 않아주셨으면 좋겠습니다."

홍장원 전 차장은 소극적으로 계엄군 임무에 임했던 후배 군인들의 명예를 지켜주고 싶었던 것 같다. 성실히 군 복무에 임하는 우리 보통의 군인들의 명예를 생각한 그의 마음에 나 역시 적극 공감했다. 도끼라도 써서, 총을 쏴서라도 문을 부수고 국회의원을 끌어내라고 지시했지만, 헌재 재판정에서는 그런 지시를 한 적 없다고 뻔뻔하게 부인했던 한때 우리 국군 통수권자의 비겁한 모습과 너무나 대비되었다.

    2025년 7월 〈한판승부〉 방송 4주년을 맞아 시청자가 가장 많이 본 유튜브 클립을 추산해보니 홍장원 전 차장과의 인터뷰였다. 이 소식을 홍 전 차장에게 전해드리니 짧게 답변을 전해주었다.

    "잊지 못할 기억, 〈박재홍의 한판승부〉 감사합니다."

    나의 22년 방송 인생에서 홍 전 차장과의 인터뷰는 내게 가장 중요했던 시간 중 하나가 되었다. 무엇보다 CBS 〈한판승부〉 스튜디오를 제일 먼저 찾아주었던 것에 감사하고, 용기 있는 증언을 해주었던 그 결단에 다시 한번 국민의 한 사람으로서 감사드린다.

누군가 그랬다. 홍 전 차장은 나라를 구한 분이라고. 1987년 육군사관학교 졸업 시절 대표화랑상을 받았던 홍장원 생도가 2024년 12·3 내란 사태에도 변함없이 용기 있게 행동한 홍장원 국정원 1차장을 만난다면 진심으로 고맙다는 인사를 전할 것 같다. 멋진 남자 홍장원의 삶이 앞으로도 행복하고 평안하길 기도한다.

헌법재판소의
8대 0 탄핵 인용을 확신하다

55년 차 기자 조갑제 〈조갑제TV〉 대표를 〈한판승부〉 스튜디오에서 처음 만났던 순간을 잊을 수 없다.
 "어떻게 소개해드리면 되겠습니까?"라는 질문에 그는 잠시도 머뭇거리지 않고 이렇게 답했다. "보수 원로라는 표현보다, 그냥 기자라고 해주십시오. 저는 지금도 현역 기자입니다."
 그의 짧고 단호한 대답 속에, 영원히 현장에서 숨 쉬고자 하는 기자의 숙명이 담겨 있었다. 오랜 연륜 속에 축적된 기자의 눈빛은 여전히 현장의 냉기를 흡수하는 듯 날카로웠다. 스스로를 '영원한 기자'라 부르는 그는 월간조선 편집장 시절보다 훨씬 여유로운 시선으로 시대와 비상계엄 사태를 관조하는 어른이 되어 있었다.

그가 방송에서 던진 질문은 명료했다.

"이유나 알고 당하고 싶어요. 윤석열은 대체 12·3 비상계엄을 왜 선포했는가?"

조갑제 대표는 주위의 취재를 위해 만났던 90%의 사람들에게서 같은 대답을 들었다고 했다. 윤석열 대통령의 난데없는 비상계엄 선포의 가장 유력한 요인은 '김건희 여사 보호'라는 것이다. 조갑제 대표는 이재명 정부가 출범한 이후 100일이 되기 전 12·3 내란 사태 전후를 다룬 《윤석열 몰락의 기록》이라는 제목의 책까지 냈다. 조갑제는 부제를 통해 12·3 내란 사태를 한 문장으로 정리했다. '대통령이 대한민국을 공격했다.' 이보다 더 단명하고 명징한 설명은 없을 것이다. 과거 진보나 좌파 운동권의 논리를 날카롭게 비판하던 대표적인 보수 논객인 조갑제 대표는, 이제 그 누구보다 통렬하게 보수 대통령의 몰락을 기록하고 있었다.

2025년 3월 중하순이 지나고 헌법재판소의 결론이 생각보다 늦어지면서 갖가지 억측이 나오기 시작했다. 그 와중에 3월 27일 SBS 〈8시 뉴스〉에서 '5:3 데드락에 걸린 헌재?… 3가지 경우의 수'라는 제목의 기사가 나왔다.[16] 헌재가 윤석열 대통령에 대한 탄핵심판의 최종 결론에 이르는 데 교착상태에 빠져 있을 수도 있다는 가능성을 담은 보도였다. 당시 생각보다 늦어지는 헌재의 결론으로 인해 갖가지 추측이 나오는 상황에서 해당 SBS 보도는 기사의 의도와는 달리 5 대 3 기각설에 힘을 제공했다. 해당 뉴스를 본 누리꾼들의 댓글 창에는 '기각? 데드락? 이러면 나가린데…'라는 영화 〈신세계〉의 명대사를 비롯한 냉소와 절망이 가득 차 있었다. '내란 우두머리 피의자가 다시 대통령 자리로 돌아올 수 있다?' 하는 국민적 불안이 순식간에 증폭됐다.

이런 국민적 불안이 증폭되다 못해 이제는 결과를 정말로 알고 싶다는 여론이 진보와 보수 진영 모두에 가득 찰 무렵, 헌재가 4월 4일 최종 선고를 한다고 4월 1일 발표했다. 헌재의 최종 판단을 앞둔 주의 월요일, 〈한판승부〉에 한 명의 보수 논객이 등장했다. 김진 전 중앙일보 논설위원이었다. 그는 단호히 말했다.

"저는 확신합니다. 8 대 0 만장일치 탄핵 인용입니다."

그는 헌재 판결이 늦어지는 이유를 "김을 빼는 과정"이라고 설명했다. 진보든 보수든 누구도 쉽게 시비 걸 수 없는 결론을 만들어내기 위한 시간, 합의를 위한 과정이라고 했다. 그의 단호한 표정은 불안에 흔들리던 국민들에게 잠시나마 '상식적인 확신'을 제공했다.

하지만 불안한 여론은 완전히 잠잠해지지 않았다. 앞서 진행된 3월 24일 한덕수 권한대행 탄핵심판에서 만장일치가 깨진 판결이 내려진 이후, 헌재 내부의 갈등설은 계속 퍼졌다. 한덕수 대통령 권한대행 탄핵 기각 결정을 내린 '기각 5, 각하 2, 인용 1'이라는 판결 숫자를 보고 헌재 내부에 이상기류가 있다는 해석이 나온 것이다. 윤석열 대통령 탄핵심판 사건을 두고 헌재 평의에서 고성이 오가는 격론이 있었다는 기사[17]도 나오면서 무엇이 진실인지 여론은 어지럽게 흘러갔다.

주요 정치인들과 평론가들은 탄핵 인용을 예상하며 만에 하나 기각 시 발생할 상황에 대해 우려했다. 조갑제 대표 역시 날카롭게 경고했다.

"이제 대한민국 민주공화국을 지킬 판결이냐, 아니면 바나나 공화국(정치적으로 불안정한 중남미 국가를 가리키는 경멸적 용어)으로 떨어뜨릴 판결이냐. 선택은 8명의 헌재 재판관들의 손에 달려 있습니다."

조갑제 대표는 탄핵이 혹시라도 기각된다면 대한민국은 곧 내전으로 치달을 것이라고 주장했다. 윤석열의 대통령직 복귀는 북한에 남침의 초대장을 주는 것이며, 대통령직 복귀 후 다시 제2, 제3의 계엄 선포로 우리 군이 둘로 쪼개지는 상태가 발생한다면 곧장 시리아의 비극*을 되풀이하게 될 것이라며

---

* 2011년 아랍의 봄으로 촉발된 민주화 요구를 정부가 강경 탄압하면서 시작된 시리아의 내전을 말한다.

헌재의 8 대 0 인용 판단에 일말의 의심도 없었다. 인터뷰에 담긴 그의 표현은 과격했으나, 그 속엔 대한민국 민주공화국을 지켜야 한다는 절박한 신념이 담겨 있었다.

"국민을 배반한 사건입니다. 배반이자 반역 사건의 친위 쿠데타 세력들은 사형당할 각오를 해야 하는 거 아닌가요?"

다시 말해 계엄은 실패하면 죽음을 각오해야 하는 무게의 일이라는 것이었다. 만약 탄핵이 기각될 경우 1980년 광주민주화운동 같은 상황이 벌어질 것이고, 그걸 진압해야 할 사람이 내란 우두머리 혐의자인 윤석열 대통령이 될 것인데, 그 즉시 대한민국엔 지옥문이 열리게 될 것이라고 전망했다.

보수 논객인 정규재 한국경제 전 주필 역시 8 대 0 전원일치 탄핵 인용을 확신했다.[18] 정규재 전 주필은 비상계엄의 날 온 국민이 생중계를 지켜봤고 헬기까지 동원해 국회를 점령해 들어온 군인들을 온 세계인이 본 상황이므로 '설명할 여지없는 실패한 쿠데타'라고 설명했다. 그는 어떤 헌법재판관도 이의를 제기할 수 없는 사건이라며 8 대 0 탄핵 인용을 확신했다. 무엇보다 윤석열 탄핵 기각 시 대한민국은 적전(敵戰) 분열로 망국의 길로 가게 될 텐데, 헌법재판관 세 명 정도가 위험인물 윤석열을 현직에 복귀시키는 그런 결정문을 과연 쓸 수 있겠냐는 근본적인 의문을 던졌다.

평생 보수의 언어로 진보나 좌파 운동권의 논리를 비판했던 분들이, 이번만큼은 헌법과 법치의 이름으로 일제히 8 대 0 만장일치 대통령 탄핵 인용을 말하고 있었다.

나는 방송 현장에서 이분들의 의견을 청취하고 전하면서 동시대 언론인으로서 일체감을 느꼈다. 한국 민주주의가 근본적 위기에 다다른 절체절명의 시국에 헌법과 상식에 기초한 윤석열 대통령 탄핵 인용을 확신하는 목소리는 단순한 논평을 넘어선 시대의 증언이었고 양심의 소리였다. 그리고 내 마음속에 보이지 않게 자리 잡았던 불안과 의심의 안개들이 걷히면서 새로운 여명이 등장하리라는 믿음이 더 단단해졌다.

그리고 2025년 4월 4일 오전 11시 헌법재판소 대심판정. 문형배 헌법재판소장 권한대행이 22분간 주문을 읽어 내려갔다. 광장에서 실시간 방송을 바라보던 수만 명 국민의 함성이 점점 커지기 시작했다. 문형배 권한대행이 읽어 내려간 명문장들은 한 문장 한 문장이 국민의 마음을 보듬고 치유하는 안정제와 같았다. 헌재 최종 판결문의 문장들은 외치고 있었다. 계엄 선포 후 국회로 달려간 시민들의 용기가 옳았다고, 소극적으로 임무에 임한 계엄군의 행동이 맞았다고. 그 추운 겨울 촛불을 들고 빛의 혁명의 주인공으로 다시 등장했던 국민 모두를 위로해주는 메시지였다. 그리고 마침내 마지막 한 문장이 선고됐다.

"주문. 피청구인 대통령 윤석열을 파면한다."

2024년 4월 4일 오전 11시 22분. 윤석열은 더 이상 대통령이 아니었다. 8명 재판관 전원일치 판단이었다. 헌재 결정문 요지의 마지막 문단이 가장 중요했다.

"피청구인의 위헌·위법 행위는 국민의 신임을 배반한 것으로 헌법 수호의 관점에서 용납될 수 없는 중대한 법 위반 행위에 해당합니다. 피청구인의 법 위반 행위가 헌법 질서에 미친 부정적 영향과 파급효과가 중대하므로, 피청구인을 파면함으로써 얻는 헌법 수호의 이익이 대통령 파면에 따르는 국가적 손실을 압도할 정도로 크다고 인정됩니다."

헌재는 윤석열의 계엄령 선포가 국가적 비상 상황이 아님에도 내려진 불법 행위라 못 박았다. 국회 해산을 막기 위한 군 투입 지시, 방첩사를 통한 정치인·법조인 체포 명령까지 모두 사실로 인정됐다. '경고성·호소용 계엄'이라는 변명은 일축됐다. 무엇보다 헌재는 시민들의 용기를 결정문 속에 기록했다.

"국회가 신속하게 비상계엄 해제 요구 결의를 할 수 있었던 것은 시민들의 저항과 군경의 소극적인 임무 수행 덕분이었으므로, 이는 피청구인의 법 위반에 대한 중대성 판단에 영향을 미치지 않습니다."

이는 곧 5·18 광주민주화운동의 기억을 12·3 비상계엄을 막아선 시민들의 용기와 연관지은 선언이었다. 더불어 헌재 결정문에 기록된 "군경의 소극적 임무 수행 덕분이었다"는 구절은 주목할 만하다. 헌법재판관들이 유일하게 직접 증인으로 채택해 재판정에서 증언을 했던 수도방위사령부 제1경비단장 조성현 대령을 기억하고 싶다.

윤석열 탄핵소추 대리인단에서 가장 날카로운 질문을 많이 던졌던 판사 출신 장순욱 변호사에 따르면 조성현 대령의 진술은 내용뿐만 아니라 진술 태도에 있어서도 매우 소중했다고 밝혔다.

조성현 대령은 ROTC 39기, 비육사 출신 최초의 수방사 제1경비단장으로서 2월 18일 탄핵심판 8차 변론기일에 출석해 "국회의원을 끌어내라"는 이진우 수방사령관의 지시를 거부했다고 진술했다. 당시 윤석열 변호인 측에서 "마치 의인처럼 행동하고 있다. 다른 목적을 가지고 허위로 진술을 하고 있다"고 공격하자 "저는 위인도 아니다. 1경비단장으로서 부하들의 지휘관이다. 아무리 거짓말을 해도 부하들은 다 알고 있다"며 "그때 했던 역할들을 진술할 뿐"이라고 당당히 말했다.[19]

계엄 선포 직후 후속 부대에 "서강대교를 넘지 말고 대기하라"고 지시했던 수방사 제1경비단장 조성현 대령, 특수전사령부 병력을 태운 헬기가 서울로 진입하던 계엄 당일 세 차례나 서울 진입 승인을 보류·거부했던 수방사 작전처장 김문상 대령은 위법한 계엄령을 함께 거부하고 국민의 편에 섰던 국군 지휘관들로 마땅히 기억해야 할 것이다.

탄핵소추 후 112일 만인 4월 4일 헌정 질서의 회복을 선포하며 내린 헌재의 결론은 단호했다. 대통령이 국민의 신임을 배반했고, 헌법 수호를 위해 파면이 불가피하다는 것. 국가적 손실보다 헌법 수호의 이익이 압도적으로 크다는 것. 그날 헌재는 대한민국 민주공화국의 존엄을 다시 세웠다. 보수 원로 언론인들조차 만장일치 파면을 요구했던 이유는 분명했다. 대통령 윤석열 탄핵은 정치의 문제도 진영의 문제도 아니었다. 민주공화국을 구하느냐, 몰락시키느냐의 문제였기 때문이다.

훗날인 2025년 6월 23일 문형배 헌법재판소장 권한대행은 MBC와의 인터뷰에서 "윤 대통령 탄핵 안건은 단 한 차례만 평의가 있었고, (당시 언론에서 제기된) 5 대 3 데드락은 추론일 뿐이며 결론은 한 번의 평의로 결정됐고 결정문엔 8명 재판관의 영혼과 땀이 서려 있다"고 밝혔다.[20] 헌재 내부의 균열을 부각한 언론 보도들은 결국 사실과 전혀 달랐던 셈이다.

요컨대, 헌재의 최종 결정문은 한국 민주주의에 또 하나의 대헌장을 남겼다. 다시 읽어봐도 대한민국 민주주의의 '마그나 카르타'로 삼아야 할 탁월한 명문장이었다.

대선 후보 이재명과의 마지막 동승 인터뷰

21대 대선 D-1이었던 6월 2일. 이재명 더불어민주당 대선 후보는 〈한판승부〉와 마지막 지상파 시사 프로그램 인터뷰를 했다. 본 선거 전날 만난 이재명 후보는 어느 정도 마음이 편안해 보였다. 그리고 모든 질문에 준비가 되어 있는 상태였다. 이재명 후보는 사실상 세 번째 대선에 도전하는 셈이니 다른 후보와는 준비 수준이 달랐을 것이다.

인터뷰를 앞둔 6월 2일 아침. 나 역시 시사 프로그램 진행자로서 대통령 당선 가능성이 가장 높은 후보와 인터뷰하는 것은 마치 밀린 숙제를 개학 전날 마무리해야 하는 학생의 마음과 같았다. 모든 방송사와 언론이 당선이 유력한 이재명 후보와 인터뷰하려는 상황이었기에 그 과정은 결코 쉽지 않았다. 〈한판승부〉 제작진의 고생이 그만큼 많았다는 뜻이다.

　탄핵 이후 치러지는 조기 대선이기에 제1야당 후보에게는 절대적으로 유리한 선거일 수도 있지만 선거 레이스 내내 이재명 후보는 절박했다. 타사 시사 프로그램의 한 PD는 내게 대선 후보자 토론에 나선 이재명 후보의 답변을 보더니 모든 질문에 이미 답변이 준비된 상황인 것 같다고 했다.

　그런데 막상 대선 레이스가 시작되자 이재명 후보 캠프는 방송사 인터뷰 일정을 잘 잡지 않았다. 개별 언론 인터뷰를 많이 할 경우 혹시라도 실수가 발생할 수 있기에 후보가 인터뷰를 많이 해서 점수를 잃기보다, 후보의 현장 유권자 대면 노출을 늘려 점수를 잃지 않는 전략을 선택한 것 같았다. 〈한판승부〉 제작진도 5월 중순까지 수차례 캠프에 인터뷰를 요청했지만 역시 어렵다는 대답이 돌아왔다.

　그런데 5월 28일 수요일 저녁, 이재명 후보가 MBC 〈권순표의 뉴스 하이킥〉에 출연했다. 동시간대 라디오 프로그램이었기에 사실 제작진 입장에서는 당황스러웠다. 약 20분 정도 진행된 인터뷰였는데 후보가 직접 스튜디오를 방문한 것이어서 인터뷰 성사 과정에 관한 여러 가지 생각이 들었다. 여러 경로로 취재해보니 당초 전화 인터뷰로 잡힌 것이어서 MBC 제작진도 20분 정도의 전화 인터뷰 시간을 잡아놓았는데, 후보가 스튜디오로 직접 찾아왔다는 것이었다.

    이재명 후보 캠프의 전략은 6월 3일 본 선거 투표일까지 개별 언론 인터뷰를 최소화하는 것이라고 들었기에 후보의 스튜디오 직접 방문은 이례적이었다. 선거 막바지에 인터뷰 전략이 전격적으로 바뀌는 게 아닐까 하는 생각이 들었다. 상황 변화를 직감한 〈한판승부〉 제작진이 발 빠르게 움직였다. 물론 나도 최대한 다양한 채널을 동원해 이재명 후보와의 인터뷰를 성사시키기 위해 노력했다.

    뜻이 있는 곳에 길이 있다고 했던가. 5월 29일 저녁 〈한판승부〉 본 방송을 마무리하고 난 후였는데 이재명 캠프에서 연락이 왔다. 6월 2일 월요일 오전에 전화 인터뷰 녹음을 진행할 수 있는지 문의해온 것이었다. 6월 3일이 조기 대선 본 투표일이니 후보가 가장 바쁠 선거 전날 마지막 인터뷰를 진행해도 좋겠다는 판단하에 우리 제작진도 그렇게 진행하자고 바로 화답했다. 이후 본격적으로 인터뷰 원고 작성 등 담당자도 정하고 인터뷰 준비에 박차를 가했다.

    그런데 전화 인터뷰를 진행하기로 캠프와 약속을 잡은 상황에서 곰곰이 생각해보니, 막상 전화로 인터뷰 녹음을 진행하려면 이재명 후보도 어디에선가 일정을 중지하고 전화를 해야 하지 않을까 하는 생각이 들었다. 후보가 어디선가 전화 인터뷰를 하기 위해 유세를 멈춘다면 우리가 직접 가서 출장 인터뷰를 진행하는 방법도 있었다. 후보 역시 전화 인터뷰가 아닌 앵커와 대면하여 말하는 게 더 편하고 좋을 것 같았다.

월요일 인터뷰 시간을 확정하고 주말을 이용해 캠프 측을 계속 설득했다. 우리가 현장에 가겠다, 〈한판승부〉 제작진이 이재명 후보의 이동 경로를 따라서 출장 인터뷰를 진행할 테니 녹화도 가능하다, 지금은 유튜브 콘텐츠가 대세이니 우리 방송 입장에서도 후보의 얼굴을 대면하여 녹화하는 것이 훨씬 좋고 후보도 편하실 것이라고 설득했다. 후보 역시 더 효과적인 소통 수단을 선택하는 게 합리적이지 않을까 하는 생각이 들면서 점점 녹화 인터뷰가 성사될 것이라는 근거 없는 자신감이 생겼다.

결국 이재명 후보 캠프 역시 전화 녹음보다 현장 녹화 인터뷰가 더 효과적일 것이라고 판단했고, 6월 2일 오전 10시 이재명 더불어민주당 대선 후보의 마지막 지상파 시사 프로그램 인터뷰 녹화가 성사됐다. 〈김어준의 겸손은 힘들다 뉴스공장〉 방송을 마치고 〈한판승부〉와 지상파 방송과는 마지막 인터뷰를 진행하는 것이었다.

오전 10시 30분. 이재명 후보의 차량이 현장에 도착했다. 이재명 후보는 미리 대기하고 있던 CBS 제작진과 반갑게 인사를 나누고, 잠깐의 분장을 마친 후 녹화를 진행하기로 했다. 이재명 후보가 제작진에게 말을 건넸다.

"박재홍 선생 때문에 인터뷰하는 거예요. 하하하."

준비를 마친 후보와 함께 차량에 탔다. 후보의 다음 스케줄이 있는 곳까지 이동하는 시간을 쪼개서 차량 동승 인터뷰를 진행하는 방식이었다. '잼카' 라이브를 진행하던 그 차량에 이재명 후보와 운전기사, 카메라 감독과 앵커, 단 4명만 탔다. 차량 내부에는 후보의 선거용 의류 등이 걸려 있었고, 생각보다 작고 소박했다.

"이 공간에서 휴식도 하시고 이동하는 중간에 자료도 보시는 것이군요."

"생각보다 편하고 좋아요. 주로 이곳에서 시간을 보냅니다."

내가 만난 이재명 후보는 웃음도 많고 생각보다 밝은 사람이었다. 조갑제 대표도 이재명 후보를 만나보고 같은 생각을 했다고 한다. 조갑제 대표는 〈한판승부〉에 출연해서 이재명 후보를 만나보니 타고난 밝은 성격 때문에 검찰의 수많은 수사 과정도 견뎌낸 것 같다고 말했다.

정규재 전 한국경제 주필은 자신의 유튜브 채널에서 대선 막바지 보수의 가장 큰 실수는 검찰 수사를 통해 이재명을 악마화하는 데만 집중한 나머지, 정작 이재명이라는 사람이 어떤 능력을 가진 사람인지 판단조차 하지 못한 것이 선거의 가장 큰 패착이었다고 말했다.

사실 나 역시 이재명 후보의 대장동 의혹, 선거법 위반 사건, 이화영 대북송금 사건 의혹, 성남 FC 의혹 등 사법 리스크

위주로 방송 아이템을 다루면서 정작 대선 주자로서의 이재명의 능력 검증에는 소홀했던 것이 사실이었다.

그런 의미에서 1시간 동안 진행된 동승 인터뷰에서는 대통령 후보로서의 비전이나 정책에 대한 이야기에 시간을 쏟고자 했다. 국내 문제는 물론 외교 안보, 국제 통상과 관련해 이재명 후보의 정책, 무엇보다 미국 트럼프 대통령을 상대로 펼쳐야 할 대미 외교 문제에 대한 궁금증이 컸다. 해당 질문에 대해 이재명 후보는 트럼프가 쉬운 상대는 아니지만 "국익을 위해서라면 트럼프의 가랑이 밑이라도 길 수 있다"고 답했다.

대통령이 그렇게라도 해서 5,200만 국민의 삶이 편해진다면 무엇이든 해야 하지 않겠냐는 실용 외교 노선을 표방한 것이다.

박재홍 트럼프 미국 대통령이 지금 관세와의 전쟁도 하고 있고 여러 가지 다른 통상 문제가 심각한데 후보님은 어떤 판단을 하고 계십니까? 트럼프와 또 외교 안보적으로 전략적인 계획이 필요할 거 같은데.

이재명 당연하죠. 지금 당장 닥칠 가장 큰 현안이 될 겁니다. 그러니까 민생 회복 그다음에 내란 극복 이거 너무 당연한 거고 거기에 더해서 없었어도 될 가장 중요한 현안이 생긴 게 또 우리 뜻대로 할 수 없는 그게 지금 미국과의 통상 문제죠. 그런데 사람이 하는 일은 사람이 만든 것이기에 사람이 다 해결할 수 있어요.

박재홍 해결할 수 있습니까?

이재명 결국 타협 조정하는 거죠. 쌍방에 득이 되는 길로 외교는 누가 일방적으로 득을 보고 누군가는 일방적으로 손해 보는 건 아니에요. 그건 외교가 아니에요. 그거는 약탈이죠. 그거는 조공을 바치거나 그럴 때나 하는 일이죠. 그러니까 독립된 국가들끼리 주권을 가진 국가끼리의 외교는 쌍방에게 윈윈. 쌍방에게 모두 득이 되는 길이 있습니다. 우리도 현안이 많이 걸려 있죠. 누구처럼 우리는 카드를 꽤나 가지고 있다, 서로 주고받을 게 꽤 있다 그걸 잘해야죠.

박재홍 트럼프 대통령이 또 만만한 분이 아니어서.

이재명 저도 만만한 사람은 아닙니다. (웃음)

박재홍 그렇군요. 아마 일반 국민의 입장에서는 (트럼프가) 다른 나라 대통령 앞에서 면박 주기도 하고 막 그러니까. 이게 보통 어려운 일이 아니겠구나 이런 생각들을 많이 하셔서.

이재명 그러기는 하죠. 그런데 그거는 강대국이 하는 일종의 정치 행태인데 그것도 잘 이겨내야죠. 그런 걸 피할 수는 없지 않습니까? 그런데 저는 그게 어떤 수모든 강압이든 이런 것도 제 개인 일이 아니니까, 국민 모두를 위한 거니까 저는 필요하면 가랑이 밑이라도 그걸 길 수 있다고 생각해요. 그게 뭐 중요

67

합니까?

박재홍 국익을 위해서라면 모든 걸 다 할 수 있다?

이재명 우리 5,200만의 운명이 달린 일, 제가 맨날 하는 얘기잖아요. 대통령의 한 시간은 5,200만 시간의 가치가 있습니다.[21]

이재명 후보가 〈한판승부〉에서 밝혔던 대미 외교에 관한 실용외교 노선은 트럼프 대통령과의 한미정상회담을 앞두고 국내 언론은 물론이고 뉴욕타임스 등 해외 언론에도 인용되었다.

국익을 위해서라면 바짓가랑이 아래도 길 수 있다고 말했던 이재명은 대통령이 된 후 8월 25일 진행된 트럼프 대통령과의 대화에서 한반도의 '피스메이커'가 되어달라고 요청하면서 트럼프의 역할에 대한 인정과 칭찬을 해주었다. 이를 통해 예상보다는 훨씬 긍정적인 분위기에서 첫 만남을 마칠 수 있었다. 일각에서는 아부 외교라는 비판도 있었지만 이재명 대통령의 전략에 대한 긍정 평가가 더 많았다.*

그러나 한미정상회담 이후 이어진 추가 관세협상과 미국 조지아주에서 우리 노동자들이 부당하게 체포되고 억류되었

---

* 한미정상회담 후 8월 26일 실시한 리얼미터 조사 결과 60.7%가 회담의 성과가 있었다고 평가했고, 8월 30일부터 9월 1일까지 실시된 한길리서치 조사에 따르면 대미 정상외교를 잘했다는 평가는 54.3%로 나타났다.

던 모습은 트럼프 대통령 재임 기간 중 한미 관계에 있어서 풀어야 과제가 매우 복잡다단함을 보여줬다. 트럼프 2기 첫 한미 정상회담 이후 미국에 투자해야 할 3,500억 달러를 최악의 경우 현금으로 선불 지급해야 할 상황이 발생했다.[22] 선지급해야 한다는 입장을 트럼프 대통령이 계속 고수했기 때문이었다. 하지만 우리 정부의 외환보유고가 4,100억 달러 내외인 상황에서 3,500억 달러를 미국에 투자금으로 선불 지급한다는 것은 상상할 수 없는 일이었다.

그래서 2025 APEC 슈퍼위크 기간 중 10월 29일 개최된 한미정상회담은 매우 중요했는데 우리 정부 협상팀은 최선의 결과[*]를 얻어냈다. 트럼프 미국 대통령은 한미정상회담 당일 김정관 산업통상부 장관 등 우리 정부 협상팀을 "터프한 협상가"로 언급하며 "미국으로선 능력이 조금 부족한 사람을 만났으면 좋았을 것"이라고 말할 정도였다.

이재명 대통령은 대선 후보 시절 〈한판승부〉와 인터뷰하면서 트럼프가 외교적으로 깐깐한 상대지만 본인도 만만하지

---

* 백지수표식으로 5,500억 달러 전액 현금 투자로 타결한 일본과 비교해도 우리는 최상의 협상 결과를 도출했다. 대미 투자 3,500억 달러 중 현금 투자는 2,000억 달러로 하되 연 상한 한도를 200억 달러로 조정했다. 그리고 투자 수익은 5대 5로 나누고, 관세는 15%, 농산물 등의 추가 개방은 없는 조건이었다.

않을 것이라고 유쾌하지만 심지 있게 말했다. 그 말을 결국 한미정상회담의 결과로 증명해낸 것이다. 한미 관세협상 결과에 대해 정재계는 한목소리로 잘된 협상이라고 경의를 표했다. 이재명 정부에 대해 비판적인 논조를 유지했던 이준석 개혁신당 대표도 한미 관세협상 결과에 찬사를 보내며 어려운 협상에 최선의 결과를 냈다고 평가했다. 홍준표 전 대구시장도 트럼프의 관세 갑질에 선방한 것이고 핵추진 잠수함을 얻어낸 것 또한 안보적으로 잘한 것이라며 이례적으로 호평했다. 오랜만에 여야를 떠나 국익 앞에서 한마음이 된 순간이었다. 이제 협상 이후 남은 과제 관리에도 정부가 최선을 다해주길 기대한다.

　탄핵 이후 조기 대선을 통해 출범한 이재명 정부는 두 차례나 탄핵을 경험한 대한민국의 민주주의를 위해서라도 산적한 과제에 대한 올바른 해법과 대안을 제시해야 한다. 한국 민주주의는 더 이상 실패할 시간조차 없다. 이재명 대통령은 취임 100일 기자회견에서 "민주당의 대통령이 아니라 모두의 대통령"이 되겠다고 밝혔다. 극단의 진영 정치로 나뉜 한국 사회의 갈등을 통합하고 대화와 타협을 기초로 한 정치의 회복이 가장 중요한 과제로 남아 있다.

　문형배 전 헌재소장 권한대행은 《어떻게 민주주의는 무너지는가》의 스티븐 레비츠키 하버드대 교수가 말한 '상호 관용과 제도적 자제'라는 비공식 규범이 민주주의의 본질이라는 점에 헌법재판관 8명이 다 동의했고,[23] 그 문구를 헌재 결정문에 의도적으로 넣었다고 말했다. 한국 정치는 이제 '상호 관용과 절제'를 회복하고 실현해야 한다. 더불어 오랜 시간 논의된 개헌과 정치개혁도 중요한 과제다. 이러한 정치 복원과 개혁 작업에는 무엇보다 대통령의 강력한 의지와 여야 정당들의 성숙한 정치가 수반되어야 할 것이다.

이재명 후보와의 마지막 동승 인터뷰를 마치며 제작진이 했던 말이 기억난다. "후보님, 취임 1주년이 되면 인터뷰는 〈한판승부〉와 하시는 겁니다." 제작진에 따르면 당시 이재명 후보는 빙그레 웃으면서 떠났단다. 2026년 〈한판승부〉는 대통령 취임 1주년 인터뷰를 할 수 있을까? 제작진에 남긴 그 웃음에 기대를 걸어본다.

2장

앵커
———
유감

별의 순간,
그 후 반복되는 실패

한국 정치에서 '별의 순간'은 어느 시점에 한 정치인에게 국민적 기대와 시대적 요청이 집중되어 그가 대통령 후보로 강력히 떠오르는 것을 의미한다. 대선 국면을 앞두고 여야 정치인들에게는 공히 이런 '별의 순간'이 오게 되는데, 이 순간에 성공적으로 대응할 경우 국민의 선택을 받아 대통령 자리를 감당하게 된다.

    그러나 이 '별의 순간'은 과연 정치인에게 축복인 것일까? 1987년 민주화 이후, 대통령들이 임기 중 국정 동력을 상실하거나 임기를 완수하지 못하는 사례가 반복적으로 나타나고 있다. 최근 윤석열 대통령의 탄핵 및 직무 상실은 이러한 대통령의 실패가 개인적 역량을 넘어 대통령 중심제와 정치 문화의 구조적 결함에서 비롯된 것일 수도 있음을 시사한다.

2022년 3월 16일 김종인 전 국민의힘 총괄선대위원장의 〈한판승부〉 인터뷰는 한국 대통령 중심제의 근본적인 문제를 꿰뚫는 통찰과 격정적인 토로가 담겨 있었다.

김종인 전 위원장은 본인이 당선에 깊이 관여했던 박근혜, 문재인 대통령 모두 당선되고 나면 그 직후 연락이 끊기거나 변했다고 했다. 대통령 주위를 측근들이 스크럼을 짜서 접근할 수 없게 되었고, 당선 전에 함께 논의했던 약속들도 모두 사라져버렸던 일을 회고했다.

그는 대선 후보 시절 윤석열에게도 같은 우려를 했다고 밝혔다. 윤석열의 경우 당선되고 직접 전화가 와서 김 위원장이 "성공한 대통령이 되기를 바란다"는 덕담을 당선자에게 건넨 일화를 소개하며 다음과 같이 말했다.

"대개 보면 대통령에 당선되면 그 황홀감에서 벗어나는 시간이 굉장히 오래 걸려요. 그러니까 대통령에 당선되는 순간 전부 다 구름 위로 올라가는 거예요. 황홀경에 도취되어 너무 오랜 시간을 보내지 않는 것이 성공하는 대통령의 첩경이라고 생각해요."

김 전 위원장의 지적은 단순히 대통령 개인의 태도를 넘어, 제왕적 대통령제의 구조적 위험성을 경고하는 말이었다.

대통령에 당선되는 순간, 모든 것이 자기 뜻대로 될 것이라는 착각, 즉 '황홀경'에 빠지게 되는데, 이 착각이야말로 수많은 역대 대통령이 국정 운영의 현실을 외면하고 실패의 길로 접어들게 한 근본 원인이라는 것이다.

그는 윤석열 당선자가 정권 초기 추진했던 민정수석실 폐지와 청와대 이전 방침에 대해서도 한국 대통령제의 고질적인 병폐는 대통령이 머무는 '장소'가 아닌 대통령의 '권한'에 있음을 명확히 했다.

"대통령이 제왕적 대통령 노릇을 하는 것이 청와대라는 집 때문에 그렇게 됐다고 보지 않아요. 집을 다른 데로 옮긴다 해도 지금 헌법에 있는 그 권한을 갖다가 막강하게 휘두르면 제왕적 대통령이 될 수밖에 없는 거예요."

이는 대통령 관저가 어디에 있든, 대통령 수석실 이름이 무엇이든 간에, 현행 87년 체제 헌법하에서 대통령에게 집중된 막강한 권한을 스스로 절제하고 통제하지 못하면 실패는 반복된다는 통찰이었다. 대통령 주변에 맹목적으로 충성하는 사람들이 99%를 차지하게 되는 구조 역시 이러한 막강한 권한 집중에서 비롯된다고 지적했다.

"사람에게 충성하지 않는다." 이 한마디를 국민에게 각인시킨 후, 공정과 상식을 정치적 자산으로 탄생한 검찰총장 출신 첫 대통령의 국정 수행은 김 전 위원장에게 어떤 평가를 받았을까?

2022년 3월 인터뷰 후 2년 반의 시간이 지나고, 집권 3년 차가 되는 2024년 10월 18일 〈한판승부〉에서 다시 만난 김종인 전 위원장은 윤석열 정부 집권 초반과 비교해 정책이나 정부 운영이 크게 변한 게 없다고 지적했다. 그로 인해 윤석열 정부 역시 '실패한 정권'으로 불행한 결말을 맞이할 가능성이 높음을 시사했다.[1]

윤석열 정부 초기부터 지적했던 경고는 시간이 지나자 서늘한 현실로 다가왔다. 윤 대통령은 여당인 국민의힘 당대표 잔혹사의 배후로 존재하면서 강고한 친윤 의원들을 통해 당정 관계를 파탄으로 내몰았다. 대선과 지방선거를 승리로 이끈 이준석 대표를 당에서 몰아냈고, 이어진 전당대회에서도 당대표 후보자를 사실상 숙청했다. 당시 이진복 정무수석을 통해 "아무 말도 안 하면 아무 일도 일어나지 않는다"는 유명한 어록을 남겼다. 이후 사실상 정권 초기 내각의 2인자라고 불렸던 한동훈 법무부 장관마저도 이 잔혹사를 피해갈 수 없었다.

이런 가운데 김건희 여사는 대선 과정부터 정권이 끝날 때까지 각종 구설에 오르게 된다. 대선 전부터 문제로 지적된 박사 논문 표절, 도이치모터스 주가조작 혐의 등을 넘어, 정권 출범 후에도 권력의 중심에서 각종 인사나 공천에 깊이 개입한 그림자가 하나둘 터져 나오면서 윤석열 정부 몰락의 가장 중요한 원인으로 작용하게 된다. 김 전 위원장은 김건희 여사가 영부인으로서 대통령 권력을 자기 권한의 일부로 착각하는 비정상적인 태도를 보인 것에 대한 원인을 이렇게 진단했다.

"김건희 여사가 (윤석열을) 대통령으로 당선시키는 데 자기도 엄청난 기여를 했다고 생각하는 거예요. 그러니까 자기도 권력을 어느 정도 향유할 수 있는 입장에 있다고 생각하지 않았나 싶어요."

김 여사가 스스로 대통령의 권력을 누릴 자격이 있다고 생각했던 것은 명태균이 2025년 8월 14일 MBC 보도에서 언급한 부분에서도 드러난다.[2] 명태균은 캠프 내 인사권을 윤석열 부부가 5 대 5로 나눠 갖기로 합의했고, 대선 이후 주요 요직 인사와 공천에는 김 여사가 직접 이름을 불러 개입했다고 증언했다.

김 전 위원장은 자신의 책 《왜 대통령은 실패하는가》에서 대통령의 실패 시점은 '선거대책위원회'를 보면 알 수 있다고 밝힌 바 있다. 대통령의 성패가 결국 선대위 구성에 달린 이유는 선대위 인사들이 대통령 당선 후 인수위에 가고, 인수위 인사들이 대부분 대통령실에서 근무하기 때문이다. 따라서 인수위 구성을 보면 대통령의 성공 여부도 가늠할 수 있다는 것이다.

윤석열 정부의 경우 이미 당선 전부터 영부인이 인사권과 공천권을 대통령과 반반 나눴다고 공공연히 밝히고, 실제로 영부인의 사람들이 공적 영역에서 활동했고 여기에 '윤핵관'들까지 등장하면서 이미 윤석열 정부의 실패와 몰락은 예견되었던 것은 아닐까?

김건희는 대선 과정에서 논문 표절 등의 문제로 인한 대국민 사과에서 영부인으로서 남편이 당선되더라도 내조에만 충실하겠다고 약속했지만, 그 약속은 당선 직후 휴지 조각이 되어버렸다.[3] 김건희는 영부인이 된 후 코바나컨텐츠 직원들을 대통령실에서 근무하도록 했고, 이후 총선과 보궐선거 등에서 직간접적으로 개입한 의혹이 제기되며 각종 논란에 휩싸이게 된다.

김건희의 '권력 향유 욕망'은 대통령 탄핵 이후 본격화된 특검 수사에서 금거북이, 명품백, 명품 목걸이 세트, 억대의 그림 등을 대가로 이뤄진 매관매직 의혹 스캔들로 그 실체가 드러나고 있다. 한국 사회는 대통령직이 주는 '황홀경'이 정당정치의 실종 속에 권력자 부부의 '독단'과 '욕망'으로 변질되어 한 정권이 급속히 몰락하게 된 놀라운 역사의 시간을 경험하게 됐다.

당선 이후 황홀경에 빠지기 쉬운 제왕적 대통령 권력 구조가 바뀌지 않는 한, 이 실패의 굴레를 벗어나기 어렵다. 이제 성공적인 국정 운영의 첩경은 제왕적 권력을 분산시키고 권력 감시와 견제가 상시적으로 작동할 수 있는 새로운 헌법 체제, 즉 개헌이 필요하다는 것이다. 이재명 대통령 역시 후보 시절 개헌의 필요성에 대해서 공감한 바 있다.

우원식 국회의장은 이재명 정부 출범 이후 국회에서 '분권형 개헌'을 시대적 과제로 제시하며 대통령의 권한 축소와 국회와 총리 중심의 책임 정치 실현을 강조했다. 또한 더불어민주당은 '헌법개정특별위원회' 구성을 추진하며 제왕적 대통령제 종식에 대한 국민적 공감대 확산에 나서고 있다. 이는 한국 민주주의 시스템을 근본적으로 개혁하려는 움직임이 정치권에서도 많은 공감을 얻고 있음을 시사한다.

요컨대 한국 정치 구조의 근본적인 개혁을 위한 행동에 나서야 할 때다. 한국 민주주의의 새로운 단계는 매주 여론조사를 통해 한국 사회를 바꿔줄 현인, 혹은 슈퍼맨을 찾는 데 있지 않다. 이제는 탁월한 리더가 없더라도 견고하게 작동하는 제도의 논의와 설계가 필요하다. 지금이 바로 40년 가까이 지속된 87년 체제의 구조적 결함을 해소할 결정적 시기다.

부정선거론은
영혼을 병들게 한다

한국 정치에서 부정선거론은 왜 끊이지 않고 계속 좀비처럼 살아 있는 것일까? 부정선거론 주장에 대해 일관되게 비판해왔던 조갑제 대표나 유승민 전 국민의힘 의원 등은 부정선거론이 이제 영혼이 사로잡혀 병드는 신앙의 영역까지 왔다며 문제의 심각성을 지적하고 있다.

윤석열 전 대통령이 12·3 비상계엄 선포의 이유 중 하나로 주장한 부정선거론은 헌법재판소의 4월 4일 최종 결정문에서 단호히 배격되었다. 무엇보다 윤석열 정부하에서 부정선거 관련 선거법 소송이 다수 제기되었으나, 대부분 법원에서 기각 또는 각하되었다. 이를테면 21대 총선과 22대 총선, 그리고 대선 결과에 대해 전국적으로 수백 건의 부정선거 소송이 제기된 바 있었고, 일부 지역에서는 낙선자들이 직접 소송을 냈다. 소송 내용은 주로 'QR코드 사전투표 용지 문제, 투표 통계 조작, 개표 조작, 불법적인 유권자 참여' 같은 네 가지 주요 주장으로 구성되었다.

그러나 대법원은 엄밀한 재검표 및 감정 결과를 토대로 부정선거 주장을 모두 기각했다. 이를테면 2022년 7월 대법원은 인천 연수을 선거구 재검표 등으로 부정선거 의혹이 사실이 아님을 입증했고, 21대 총선 소송 126건도 모두 법원이 기각 또는 각하했다. 단 한 건도 법원에서 유의미하게 받아들여진 주장이 없었던 것이다.

중앙선거관리위원회와 법원의 이러한 일관된 조치에도 불구하고 부정선거론의 망령은 여전히 한국 사회에 존재한다. 심지어 미국 트럼프 대통령도 부정선거론을 주장하면서 한국의 부정선거론자들이 미국의 극우 세력과 결합하는 모양새다.

조갑제 대표는 〈한판승부〉에 출연해 윤석열 전 대통령에 대한 12·3 내란 사태 재판에서 가장 중요하게 다루고 명확하게 정리해야 할 부분이 부정선거론에 대한 것이라고 일관되게 주장해왔다. 내란 모의만큼이나 윤석열 전 대통령의 부정선거 주장을 심각하게 다뤄야 하는 이유는 헌법상 최고 권리인 국민의 주권 행사에 대한 명백한 도전이었기 때문이다.

보수 내에서 황교안 전 자유한국당대표 등에 의해 주장돼 온 부정선거론은 이준석 대표 체제에서 사실이 아닌 것으로 정리된 바 있고, 22대 총선에서 한동훈 국민의힘 대표 등이 부정선거는 없다면서 적극적인 사전 투표를 해야 국민의힘이 승리한다고 독려한 바 있었다. 이로 인해 국민의힘 내에서도 부정선거 주장은 몇몇 정치인이나 극우 세력의 비상식적인 목소리로 치부되었다.

그런데 조갑제 대표는 윤석열 대통령이 비상계엄을 선포하면서 계엄군을 통해서라도 부정선거 의혹을 살피기 위해 선관위 시스템을 점검할 수밖에 없었다고 이야기함으로써 비상식적인 주장으로 정리되었던 부정선거 망령이 되살아났다고 주장한다.

이후 언론 보도에 따르면 윤석열은 대통령 재임 중 국정원이나 선관위가 부정선거가 없었다는 자료를 보고하자 믿을 수 없다고 화를 내면서[4] 참모들에게 부정선거론을 퍼뜨리는 유튜브 내용을 전달해주었다고 한다. CBS 권영철 전 대기자의 취재에 따르면 윤석열이 검찰총장 시절이던 2020년 4·15 총선부터 이미 부정선거론에 빠져 있었다고 한다.[5]

현직 대통령이 대한민국 최고 정보기관인 국정원과 선관위의 공식 보고를 믿지 않고, 가짜뉴스를 기반으로 한 부정선거 유튜브 콘텐츠에 현혹되어 자신의 잘못된 망상을 강화하고

있었다는 사실은 참담하다. 이는 실로 대한민국 민주주의에 대한 심대한 도전이었다.[6]

조갑제 대표는 부정선거론이 영혼의 병으로 종교화되어 한국 보수는 물론 한국 민주주의를 병들게 할 치명적인 위험이 될 것이라고 본다.

"부정선거 음모론이라는 게 저는 심리적인 문제가 아니라 영혼과 관련되어 있는 문제라고 생각합니다. 음모론, 주술 이런 것은 한 인간을 총체적으로 망가뜨리는 거예요. 영혼이 망가진 것이기에 부정선거 음모론에 빠진 사람이 거기서 벗어나는 것을 한 사람도 본 적이 없어요. 이건 컬트입니다. 컬트가 되는 거예요."[7]

'컬트(cult)'의 사전적 의미는 '종교적인 숭배에 가까운 열광적인 지지를 받는 것'으로 사회적으로 문제가 있는 신흥 종교, 사이비에 빠지는 현상과 같다. 즉 부정선거가 있다는 망상에 사로잡히는 사회적 현상으로 사실상 사이비 종교에 빠져드는 것과 같다. 놀랍게도 그 망상의 세계에 현직 대한민국 대통령이 빠져 국가적 재앙과 비극을 일으킨 것이다.

유승민 전 의원 역시 부정선거론이 종교적 신념 수준의 위험한 상태가 되었다고 진단한다. 유 전 의원은 1월 19일 서부지법 습격 사건 직후인 1월 20일 〈한판승부〉에 출연해 이제 부정선거론자들을 설득할 수 있는 시기는 지났다고 진단했다.

"부정선거 음모론은 이제 심각해서 한두 마디로 해결할 수 있는 문제가 아닌 것 같다. 극우 유튜버들이 워낙 그러니까 그런 유튜브 방송만 보던 윤 대통령도 이를 믿고 저러는 것 같다. 사람들의 종교적 믿음으로까지 확증편향이 된 상황을 고치기가 힘든 상황이다. 선관위든 검찰이든 법원이든 우리 사회의 상당히 심각한 문제라고 생각하고 대응할 필요가 있다."

부정선거론이 이미 종교화된 믿음, 즉 신앙이라면 그 생각을 과연 어떻게 온전히 무너뜨릴 수 있을까 하는 의문이 든다. 신앙이란 자신의 믿음과 타협하지 않는 것을 그 속성으로 하기 때문이다. 신앙의 영역이 돼버린 부정선거론을 뛰어 넘기 위해서는 선관위, 법원, 정당 등 공신력 있는 국가기관이 더욱 적극적으로 선거에 부정은 없다는 사실을 입증해야 한다는 의미일 것이다.

2025년 4월 4일 대통령 윤석열을 파면한 헌법재판소는 피청구인 윤석열의 부정선거론에 대한 판단은 무엇보다 계엄 선포의 이유가 될 수 없다고 정확히 판시했다.

피청구인은 선거관리위원회의 전산 시스템에서 조작이 가능하다는 점, 보안 미비 등을 이유로 부정선거 의혹을 해소하기 위하여 계엄을 선포했다고 주장하나, 단순히 어떠한 의혹이 있다는 사정만으로 전시·사변에 준하는 국가비상사태가 발생했다고 볼 수 없다.

실제로 선거 관리에 문제가 있다면 현직 대통령의 권한을 이용해 선관위 시스템을 점검하면 될 일이었다. 대통령은 행정부의 수반으로서 공적 시스템을 통해 얼마든지 정부 기관을 조사하고 통제할 수 있다. 하지만 윤석열은 계엄군을 통해 선관위 서버를 장악하려 했다. 김용현 전 국방부 장관을 배후에서 핵심 세력으로 도왔던 노상원 전 정보사령관은 12·3 비상계엄을 모의하는 과정에서 중앙선거관리위원장인 노태악 대법관을 부정선거 의혹의 핵심 피의자로 간주했다. 노상원은 그를 체포한 후 야구방망이와 망치를 준비해 직접 심문하려 했던 정황도 드러나 큰 충격을 준 바 있다.

고문을 해서라도 부정선거를 사실로 만들고 싶었던 이유는 무엇이었을까? 무엇보다 대한민국 선거 시스템을 통해 윤석열 자신도 대통령이 된 것인데, 부정선거가 사실이라면 자신이 대통령이 된 과정조차 위법이고 위헌적이라는 주장을 하려는 것인가?

헌법재판소는 지금까지 국내 부정선거론자들이 주장한 수많은 의혹들이 이미 형사 절차를 통해 해결되었다는 점도 명시적으로 밝혔다.

이미 형사 절차 및 법원 판결을 통해 의혹이 해소된 바 있으며, 선관위 역시 보안 강화 등을 위한 제도적 조치를 취한 점을 고려할 때, 해당 의혹만으로 계엄 선포 요건인 국가적 위기가 도래했다고 평가하기 어렵다.

3·15 부정선거의 역사적 교훈은 대한민국 선관위 조직·운영의 독립성을 확립한 헌법적 취지의 근거가 되었다. 그 이후 대한민국은 선거 관리에 있어 관리상의 실수는 존재할 수 있어도 부정선거는 존재할 수 없다. 따라서 향후 특검 수사와 이어지는 재판의 시간은 내란 세력을 척결함과 동시에 민주화 이후 지금까지 대한민국에서 부정선거는 없었고, 향후 한국 정치에도 존재할 수 없다는 진실을 국민 모두가 이해할 때까지 재확인하는 시간이 되어야 한다.

그 인내의 시간이 축적될 때, 하나의 사이비 종교가 부흥했다가 소멸하는 과정을 거치듯이 일국의 대통령마저 병들게 했던 부정선거론의 망령이 사라질 것이다.

맙소사,
우리 법원이 습격당했다

2025년 1월 19일 새벽, 심리적 내전 상태인 한국 정치가 결국 폭발했다. 대한민국 법치주의의 심장부인 법원이 무방비 상태로 유린당하는 초유의 사태가 발생한 것이다. 대통령에 대한 구속영장 발부 직후, 분노에 찬 시위대 수십 명이 서울서부지방법원으로 난입했다. 이것은 단순한 시위나 우발적인 항의가 아니었다. 법치의 보루가 무법 지대로 전락한, 사법 시스템에 대한 전면적인 습격이었다.

한국 사회 내에 뿌리 깊게 자리 잡은 이러한 미증유의 극단적 갈등의 발현은 어떻게 해결할 수 있을까? 서부지법 습격 사건 직후인 1월 20일 인터뷰로 만났던 유승민 전 의원은 당시 한국 정치의 상황을 토머스 홉스가 말한 '만인의 만인에 대한 투쟁 상태', 즉 '무정부 자연 상태'를 연상시킨다며 인터뷰 내내 단 한 번도 쉬지 않고 격정적으로 우려를 토해냈다.

당시 현장의 충격적인 영상들이 방송 채널은 물론 유튜브를 통해 실시간으로 중계됐다. 법원 외벽의 현판이 통째로 뜯겨 나가고, 창문들이 산산조각 났다. 흥분한 시위대는 쇠파이프와 쇠망치, 소화기를 휘두르며 청사 유리창을 부수고 집기류를 닥치는 대로 파괴했다. 이 과정에서 법원을 지키려던 경찰관들이 방패를 빼앗기고 피를 흘리며 쓰러졌고, 일부 법원 직원들은 옥상으로 대피해 공포에 떨었다. 최대 6~7억 원에 달한다는 물적 피해는, 당시의 폭력 행위가 얼마나 무자비했는지 보여준다.

"○○○ 판사, 나와!"

믿을 수 없을 만큼 충격적이었던 것은, 이들이 법원 청사 7층까지 침입하여 영장을 발부한 판사를 이름까지 불러가며 색출하려 했다는 사실이다. 이는 법원의 결정에 대한 불복을 넘어, 법관 개인에 대한 테러이자, 사법부의 독립성을 말살하려는 명백한 시도였다. 사법부의 수장인 조희대 대법원장이 이날 주재한 긴급대법관회의에서는 "초유의 미증유 사태"라며, 이는 "법치주의에 대한 전면 부정"이며 "헌법기관 전체에 대한 부정행위"라고 규탄했다. 우리 사회가 합의한 헌정 질서와 사법 시스템의 근간이 흔들린 순간이었다.

1년 가까운 시간이 지난 지금도 그때의 광경을 떠올리면 습격 현장이 대한민국이 정말 맞는 것인지 믿기지 않는다. 그러나 그것은 현실이자 우리가 통과한 역사의 시간이 분명했다.

	이 사태를 주도한 이들에 대해 사법부는 기소된 129명을 엄정하게 심판했다. 지난 8월 1일 1심 재판 결과는, 법원 판단에 불만이 있다고 폭동을 일으키면 반드시 처벌받는다는 준엄한 메시지를 던졌다.* 재판부는 "법원의 독립과 권위를 침해하는 범행이 다시는 반복되지 않도록 엄벌할 필요성이 있다"고 강조했다. 이는 단순히 폭력 행위에 대한 처벌을 넘어, 사법 시스템을 부정하려는 세력에게 보내는 단호한 경고였다.

	더욱 심각한 문제는, 이 사태가 과연 단순한 '시위대의 격분'이었는지, 아니면 배후가 조종한 조직적인 동원이었는지에 대한 의혹이다. 서부지법 습격 사건 수사가 확대되면서 극우

---

* 주요 가담자들에게는 다음과 같이 1심에서 실형이 선고되었다 '투블럭남'으로 알려진 10대 A씨는 경찰관 폭행, 7층 침입, 라이터 기름과 불붙은 종이를 던져 방화를 시도한 혐의 등으로 징역 5년을 선고받았다. '검은 복면남' B씨는 범행 전 지인에게 "판사를 살해하러 갈 것"을 암시하는 메시지를 보관하고 있었고, 유리문과 집기류를 파손한 혐의로 징역 3년 6개월을 선고받았다. 사랑제일교회 전도사 C씨는 폭동을 선동하고 1층 셔터를 밀어 올리는 등 주도적인 역할을 한 혐의로 징역 3년 6개월을 선고받았다. 또 다른 전도사 D씨는 영장 판사실 출입문을 발로 차며 판사를 수색한 혐의로 징역 3년을 선고받았다.

유튜버와 종교계 지도층, 심지어 대통령실까지 그 이름이 배후로 오르내리고 있다.

경찰은 전광훈 목사 측이 '가스라이팅'을 통해 신도들을 심리적으로 지배하고, 영치금 등 경제적 지원을 통해 이들을 관리하며 불법 행위를 유도했는지에 대해 집중적으로 수사했다. 실제 주범들은 사랑제일교회 소속 전도사나 이들과 긴밀히 연결된 유튜버들이었으며, 교회 측은 폭동 가담 피고인 60여 명에게 매달 영치금을 보낸 정황까지 드러났다.

그러나 의혹의 그림자는 더 깊숙한 곳으로 뻗어 나갔다. 구속된 주요 보수 유튜버가 공익 신고자로 나서면서, 윤석열 정부의 대통령실 행정관이 지지자들을 결집해달라고 요청한 문자 메시지와 통화 내역을 공개한 것이다. 이 유튜버는 대통령실의 요청이 '내란 선동죄'에 해당한다고 주장하며 고발했고, 경찰 수사는 결국 대통령실의 개입 의혹으로까지 확대되었다.

법치주의 수호를 외쳐온 정부의 심장부인 대통령실에서, 법치주의를 유린한 법원 폭동 동원이 있었다는 의혹은 이 사태의 본질을 뒤흔든다. 법원 습격 사태가 단순한 분노 표출을 넘어 정치적 목적을 위해 동원된 집단행동의 위험한 결과였다면, 이는 우리 사회의 민주주의와 헌법 질서에 대한 가장 심각한 위협이 아닐 수 없다.

더욱 놀라운 것은 비상계엄의 '내란 우두머리' 혐의로 구속된 윤석열 대통령이 지지자들의 법원 난동에 대해 "억울하고 분노하는 심정은 충분히 이해하나 평화적인 방법으로 의사를 표현"해달라고 당부했다는 변호인단의 입장문이었다. 법원을 습격하는 폭력 행위에 대해 모호한 태도를 취한 것이다. 이런 태도는 일국의 대통령으로서는 물론 검찰총장을 지냈던 법률가로서의 양심도 저버린 처사로 강력히 비판받아야 마땅하다.

1·19 서부지법 폭동 사태는 여전히 우리에게 묻고 있다. 법원의 결정이 마음에 들지 않는다고 해서 물리력을 행사하고 법관을 위협할 수 있다면, 이 사회는 더 이상 법과 상식이 통하는 곳이 아니지 않는가?

일련의 사태를 완전히 극복하는 길은 단 하나다. 바로 철저한 진상 규명이다. 법원을 습격한 개개인의 행위에 대한 처벌을 넘어, 그들의 뒤에서 이들을 심리적, 경제적으로 조종하고 정치적으로 동원하려 했던 모든 배후 세력을 남김없이 밝혀내야 한다. 이 충격적인 사건을 잊지 말고 다시는 우리 법원이, 그리고 우리 민주주의가 폭력에 습격당하는 일이 없도록 감시와 비판의 목소리를 높여야 할 것이다.

출장 조사?
그러고도 검사인가요?

법 앞에 만민은 진실로 평등한가? 이 근본적인 질문은 대한민국 검찰의 현주소를 그대로 드러낸다. 특히 2024년 7월 20일 김건희 여사에 대한 서울중앙지검의 '출장 조사'는 법 앞에 성역이 없다고 말한 검찰의 역사에 오랫동안 오점으로 남을 사건이다. 검사 출신으로 윤석열 대통령 재임 기간 중 쓴소리를 아끼지 않았던 금태섭, 김웅 전 의원 등은 〈한판승부〉에서 김건희 여사에 대한 검찰의 수사에 대해 격정적으로 비판을 쏟아냈다.

"전직 검사로서 생각하면 (이건) 검사도 아니다."

2024년 7월 20일 검찰총장을 '패싱'하고 청와대 인근의 대통령경호처 부속 시설에서 김건희 여사에 대한 검찰의 출장 조사가 이뤄진 일주일 후 만난 금태섭 전 의원은 서울중앙지검의 김건희 여사 조사 방식에 강력히 문제 제기를 했다. 대검찰청도 아닌 제3의 장소에서 검사들이 휴대폰을 제출한 후 영부인을 조사하는 행태는 일반인으로서는 상상도 할 수 없는 특혜수사라는 것이다. 무엇보다 윤석열 '검사'에게 그런 식으로 조사를 하라고 상부에서 지시했다면 아예 출장 조사를 하지 않았을 것이라고 했다.

김웅 전 의원 역시 이 사건을 "검찰에 큰 쓰나미가 시작될 순간"이라고 지적했다.[8] 김웅이 검찰의 첫 번째 위기로 꼽은 장면은 조국 전 법무부 장관의 딸 조민 씨에 대한 기소였는데 그는 검찰이 그동안의 불문율을 깨며 "지나치게 가혹했다"고 지적했다. 가족 전체를 그렇게 가혹하게 수사했다면, 그 가혹함이 누구에게나 적용되어야 했다는 것이다.

하지만 두 번째 장면인 김건희 여사에 대한 출장 조사는 검찰의 가혹한 칼날이 선택적으로 적용되면서 검찰 스스로 큰일을 자초하게 된 것이라고 비판했다. 대검 검찰연구관, 법무연수원 교수를 지냈던 김웅 전 의원은 당시 아무도 책임지지 않는 검찰 지도부의 모습을 보며 큰 충격을 받았다.

검찰의 출장 조사는 원칙적으로 불가피한 사유가 있을 때만 허용되는 예외적 절차다. 그러나 김건희 여사 사건에서 검찰은 도이치모터스 주가조작 사건이 검찰에 고발된 지 4년

3개월 만에 조사를 진행했다.

    검찰은 그동안 조사를 의도적으로 지연했던 것일까? 아니면 할 수 없었던 것일까? 현직 영부인에게 행해진 사상 첫 검찰 조사였는데 당시 이창수 서울중앙지검장은 이원석 검찰총장에게 보고하지 않고 경호처가 지목한 제3의 장소에서 휴대폰도 제출하고 출장 조사를 감행했다. 이는 검찰 지휘부 내부에서도 큰 논란이 되었다. 현직 대통령 부인이라는 신분을 이유로 총장에게 보고하는 절차도 무너뜨렸고, 검찰총장조차 10시간 후에 영부인 조사가 있었음을 알게 됐다고 하니, 여러 가지로 비정상적인 수사는 분명했다. 그 후 김건희 여사는 도이치모터스 주가조작 혐의는 물론 명품백 사건 역시 무혐의 처분을 받게 된다.

    이 장면은 검찰이 '법 앞의 평등'을 공허한 문구로 전락시킨 상징적 장면이 되었다. 무엇보다 특검은 서울중앙지검의 수사와 다른 결과의 수사를 했다. 윤석열 대통령이 탄핵되고, 이후 3대 특검이 시작된 이후 8월 13일 김건희가 구속기소되면서 윤석열 전 대통령 부부는 헌정사상 처음으로 동시 구속된다.

    특검은 도이치모터스 주가조작 관여 혐의로 김건희를 구속기소하면서 공소장에 "피고인이 권오수, 이종호 등과 공모하여 2010년 10월경부터 2012년 12월경까지 도이치모터스 주가조작 범행을 함으로써 8억 1,000여만 원 상당의 부당이득을 취득하여 자본시장과 금융 투자업에 관한 법률을 위반했다"고 적시했다. 이는 불과 1년 전 서울중앙지검에서 해당 의혹과 관련해 검찰총장을 패싱하고 영부인을 출장 조사한 후 무혐의 처분한 것을 전면 뒤집은 것이었다.

김건희 특검에 파견된 검사 중 많은 수가 서울중앙지검에서 파견을 나왔다고 하니 국민들은 그동안의 검찰 수사를 어떻게 이해해야 할까? 검찰 수사가 그동안 공정했다고 말할 수 있을까? 고(故) 노회찬 전 의원은 생전에 "정의는 만인이 법 앞에 평등하다는 가장 기본적인 원칙에서 출발한다"고 말했다. 그러나 영부인에 대한 출장 조사는 그 원칙이 현실의 권력 앞에서 얼마나 무력한지 보여준 사건이었다.

법불아귀(法不阿貴)라는 말이 있다. 중국 춘추전국시대 법가 사상가 한비자에게서 유래한 것으로 '법이 신분이 귀한 사람에게 아부하지 않고, 누구에게나 예외 없이 적용돼야 한다'는 의미의 고사성어다. 새로운 검찰총장이 취임할 때, 혹은 검찰이 살아 있는 권력을 향해 칼을 겨눌 때, 만인에 평등한 법 집행을 촉구하면서 늘 인용되었던 사자성어다. 최소한 윤석열 대통령 부부를 수사함에 있어서 우리 검찰에 '법불아귀'는 없었다.

요컨대, 검찰은 이제 스스로의 손으로 공정성을 거둬들이며 개혁의 불씨를 더욱 키웠다는 비판에서 자유로울 수 없게 됐다. 조국 일가에게 보여준 가혹함과 김건희 여사에게 보여준 관대함의 극단적인 대비는, 수사와 기소를 독점하는 검찰 체제의 폐해를 명확히 드러냈다. 이로 인해 수사권과 기소권의 분리, 검찰 권한의 축소 등 구조적 개혁의 필요성은 더 이상 선택이 아니라 필연이 되었고, 검찰청 폐지를 골자로 한 정부조직법 개정안은 2025년 9월 국회에서 통과되었다.

만약 검찰이 살아 있는 권력인 윤석열 부부에게도 동일하게 칼을 겨눴다면, 여전히 검찰은 법치의 최후 보루로서 국민적 지지를 받았을 것이다. 그러나 검찰 스스로 권력자에게는 출장 조사라는 '선택적 예외'를 허용했다. 이후 특검 수사를 통해 수사 결과가 전면 뒤집어지는 것을 국민이 경험하면서 검찰 개혁에 대한 동력은 더욱 힘을 얻게 됐다.

검찰청은 1948년 설립 이후 78년 만에 2026년 9월부터 해체되어 수사는 중대범죄수사청이, 기소는 공소청에서 담당하게 되는 정부 조직 개편이 추진되고 있다. 어찌 보면 검찰은 스스로 자신의 운명을 결정지은 것은 아닐까?

그만하세요!
마이크 꺼주세요!

2024년 3월 15일, 그날의 〈한판승부〉 스튜디오는 뜨거웠다. 아마도 프로그램 시작 이후 가장 공격적인 토론이 있었던 날이었던 것 같다. 생방송으로 진행된 인터뷰에서 김행 전 국민의힘 비상대책위원과 진중권 광운대 교수는 5분여 동안 시청자들은 물론, 진행자도 전혀 예상치 못한 수위의 고성과 언쟁을 주고받았다.

사건의 전말은 이러했다. 김행 전 위원은 국민의힘 위성정당 공천 신청과 관련한 이야기를 꺼내던 중, 자신이 과거 여성가족부 장관 후보자 시절 겪었던 '가짜뉴스' 피해를 언급했다. 그러고는 진중권 교수가 김행 전 위원의 과거 발언을 왜곡하여 자신을 공격했다고 말하며 즉각적인 해명을 요구했다. 이에 진 교수는 인정할 수 없다며 반박했다. 두 사람의 설전은 순식간에 고성과 법적 대응을 시사하는 발언으로 치달았다. 김행 전 위원은 "고소할 리스트에 진 선생님도 포함돼 있다"고 말했고 진 교수는 "(고소) 하세요"라고 고성으로 맞받아쳤다.

언론 반응은 즉각적이었다. 기사들은 대부분 '방송 사고급 설전', '고소 엄포까지 나온 격렬한 언쟁', '마이크도 꺼졌다' 등의 표현을 사용하며 〈한판승부〉의 방송 현장을 집중적으로 다루었다. MBC, JTBC 등 주요 방송사에서는 인용 기사를 쏟아냈고 관련 유튜브 클립은 200만 뷰를 넘어섰다.

진행자로서 이 모든 과정을 중간에서 지켜보며 중재했던 소회는 복잡했다. 시사 프로그램 생방송 중에 출연자의 마이크를 꺼야 했던 상황은 단순한 방송 사고 수준을 넘어선 것이었다.

"두 분 그만하세요!"

진행자의 자리에서 수차례 두 사람의 발언을 제지했지만 더 이상 나의 멘트는 의미가 없었다. 토론이 격화되었고 결국 통제 불능 상태가 되었다. 스튜디오 밖 제작진의 얼굴도 하얗게 질려버렸다. 1분이 1시간처럼 느껴지는 순간, 결국 스튜디오 내의 진행자로서 앵커가 할 수 있는 최선의 조치는 '침묵'을 강제하는 기술적인 조치뿐이었다.

"마이크 꺼주세요!"

생방송 중에 마이크를 끄게 되는 날이 오다니. 방송 중 두 사람에게서 드러나는 마음은 억울함이었다. 그러나 더 이상의 발언권을 보장하기에 두 사람 사이에 타협점은 없어 보였다. 스튜디오 안에서 당황한 나의 모습을 애처롭게 바라보며 무슨 도움이든 주고 싶었던 기술국 엔지니어 후배는 나의 멘트 후 곧바로 두 사람의 마이크를 신속하게 내려주었다.

마이크를 끄고 나자 발언은 중지됐고, 방송을 보고 있는 시청자들에게 즉각 사과하라고 강력하게 요청했다. 두 사람은 진행자의 사과 요구에는 바로 응해주었다. 시청자들에게 사과 멘트를 하게 한 후, 나 역시 사회자로서 방송 중에 너무나 격렬한 토론 상황이 나가게 된 것에 대해 사과 멘트를 했다.

시사 프로그램 진행자는 중립적인 위치에서 사안에 대해 '거리두기'를 하고 게스트들의 의견이 충분히 드러날 수 있도록 여러 질문을 통해 사실관계와 사안에 대한 입장을 '보여주기' 역할을 하는 것에 충실해야 한다. 하지만 게스트들이 상대의 말을 존중하고 의미를 부여하기보다 방송 내내 자신의 주장만 하는 상황이 이어지면서 진행자로서 참으로 어려웠던 순간이었다.

오늘날 우리 공론장은 분노의 에너지로 가득 차 있다. 이재명 대통령 부부가 임기 중 첫 추석 연휴를 맞아 JTBC 예능 〈냉장고를 부탁해〉에 출연한 것을 놓고 여야 간 격렬한 논쟁이 벌어졌다. 대전 국가정보자원관리원에 화재가 발생해 국가전산망이 총체적으로 망가진 상황에서 대통령이 예능 프로그램 출연 녹화를 한 것이 옳았냐는 야당의 비판이 있었다. 여야 의원들 간에 명예훼손 공방이 있었고 추석 연휴 동안 서로 형사 고소하겠다고 주장하는 상황까지 갔다. 연휴를 마치고 〈한판승부〉에 출연한 평론가들과 정치인들은 여야가 공히 이렇게까지 관련 논쟁을 크게 비화해서 서로 싸울 일인가 싶다며 우리의 정치 현실을 아쉬워했다.

한국 사회의 분노 과잉과 분노 결핍 상태의 원인을 꾸준히 지적해온 강준만 교수는 경향신문 칼럼[9]에서 우리 사회뿐만 아니라 증오와 갈등에 빠진 전 세계적 현실을 소개하며 독일 사례를 언급했다. 독일의 프랑크발터 슈타인마이어 대통령은 2018년 한 대담 행사에서 독일 사회에 대해 이렇게 지적했다고 한다.

"우리는 지금 영구적인 분노를 경험하고 있습니다. 사회 전체가 격노 상태입니다. 독일에는 더 이상 대화가 없습니다. 대신 큰소리와 고함만 남았습니다."

놀라웠다. 우리는 그동안 독일 사회가 과거사에 대한 깊은 반성을 지속적으로 하며 상호 차이와 다양성에 대한 관용이 넘치는 곳으로 인식해왔다. 그런데 이러한 독일 사회조차 요즘 많은 어려움을 겪고 있다면 현대 사회 저변에 깔린 증오와 분노의 문제를 공론장을 통해 모범적으로 소화하는 국가는 대체 어디에 존재하는 것인가라는 근본적인 물음이 생겼다.

우리 정치는 왜 이토록 서로에게 분노하게 되었는가. 그 이유는 아마도 정치적 대결 자체가 어느 순간 생존 경쟁과 동일시되었기 때문일 것이다. 여야가 상대방을 건전한 비판의 대상이 아니라 자신의 존재를 위협하는 적으로 규정한 채, 고소를 거론하며 맞서 싸우는 검투사식 정치의 극단적인 양상은 병든 정치 문화가 빚어낸 우리 사회의 어두운 자화상이다.

칸트의 나라 독일도 어려운 상황이고, 트럼프가 주도하는 미국 정치도 이젠 우리가 걱정해줘야 할 처지다. 정치 영역에서도 이제 한국 민주주의가 세계 무대에서 모범을 보이며 대안과 희망을 말해야 할 때인 것 같다. 사안과 사람에 대한 격노를 내려놓고, 타협과 관용으로 나아가는 정치의 회복이 절실한 요즘이다.

〈열대의 묵시록〉과 한국 정치

계엄은 하나님의 뜻이었을까? 대한민국 헌법 20조 2항에는 '국교는 인정되지 아니하며 종교와 정치는 분리된다'는 정교분리 원칙이 규정돼 있다. 1948년 제헌헌법 당시부터 이어져온 역사를 가진 조항이다.

정치에 종교가 개입하고 신앙이 정치적 투쟁의 도구로 변질될 때, 민주주의는 정의와 공의라는 보편적 가치 대신 '선과 악'이라는 위험한 대결 구도에 갇히게 된다. 중세유럽의 경험에 비춰보았을 때 십자군 전쟁처럼 정치적 신념이 종교적 신념과 결합하게 되면 다른 정파와의 싸움은 패배해서는 안 되는 영적인 전쟁이 된다. 그렇기 때문에 정교분리 원칙은 현대 민주주의의 기본 개념이 되었다.

그러나 윤석열 대통령 탄핵 전후 국민의힘 지도부의 일련의 발언과 행보를 보며, 브라질의 정치적 혼란을 다룬 넷플릭스 다큐멘터리 〈열대의 묵시록〉이 던지는 경고를 한국 정치 현실에서도 목도했다. 이 다큐멘터리는 브라질에서 복음주의 기독교 세력이 극우 포퓰리스트 자이르 보우소나루의 정치적 기반으로 기능하면서 민주주의를 어떻게 훼손했는지 냉철하게 분석한다. 그들은 자신들의 정치적 패배를 '영적 전쟁'으로 규정하고, 2023년 정부 청사 습격과 같은 극단적 행동까지 '하나님의 뜻'으로 정당화했다.

〈열대의 묵시록〉은 룰라나 보우소나루 등 정치 지도자와 대중적 영향력을 가진 목사 실라스 말라파이아를 직접 인터뷰하며, 종교가 정치적 야망을 부추길 때 벌어지는 균열을 포착한다. 브라질의 최근 정치적 혼란 속에서 브라질 복음주의 세력은 '도미니오니즘(Dominionism)'*을 추구하며 정치·법·교육·문화 등 세속 영역을 하나님의 지배 아래 두어야 한다고 주장하는데, 이들은 부정선거 음모론과 함께 국회·대법원 침탈

---

* 1946년 유대인이 구약성서에 입각한 이념으로 팔레스타인 지역을 차지하고 이스라엘을 건국한 것처럼 도미니오니스트는 기독교 신정국가를 세우는 것을 지상 과제로 삼고 있다.

등 폭력 사태를 낳았다.

급기야 2023년 1월 브라질리아 정부 청사 난입 등 파국적 사태가 발생했고, 1,500명 이상이 체포되어 919명이 기소됐고, 약 400명이 수감됐다. 그리고 보우소나루는 제한적 가택 연금, 전자발찌 착용, 외국 정부 관계자 접촉 금지 조치를 받게 된다.

이러한 종교적 신념과 극우 정치의 묵시록적 결합이야말로 민주공화국이 직면한 가장 은밀하고도 강력한 위험이다. 장동혁 국민의힘 의원이 2025년 2월 22일 대전 남문 광장에서 있었던 세이브코리아 주최 윤석열 탄핵반대 집회에서 "하나님께서 반드시 이 전쟁을 승리로 이끌어주실 것"이라는 투쟁적 신앙 메시지를 처음 내놓았을 때만 해도 교회 신도들이 많은 집회에서 나온 정치인의 일회성 연설 정도로 이해하려고 했다.

그런데 더 큰 문제 발언이 연이어 터져 나왔다. 장 의원은 2025년 3월 1일 여의도 집회에서 "이번 계엄에도 하나님의 계획이 있다"고 말하더니, 3월 15일 구미 집회에서는 "하나님께서 대한민국을 고치실 것"이라고 말했다. 3월 22일에는 계엄을 "반국가 세력에 맞서 자유민주주의를 지키라는 시대적 명령"이라고까지 격상시킨다.

이러한 발언은 이미 대한민국 최고 헌법기관인 헌법재판소에서 위헌·위법으로 판명된 비상계엄을 옹호하는 것을 넘어, 공직자의 헌법적 책임을 '하나님의 계획'이라는 초월적 신앙의 영역으로 덮어버리는 위험한 시도다. 정옥임 전 새누리당 의원은 2025년 8월 9일 방영된 TV조선 〈강적들〉 600회 특집에서 장동혁 의원의 탄핵과 계엄에 대한 입장이 '상호 모순적'이며 각종 집회에서 계엄에 대한 개인의 신앙적 견해를 밝히는 것은 헌법 20조 2항에 근거한 정교분리 원칙을 벗어난 것으로 국민에게 혼란을 준다고 비판했다.

이를테면 대통령의 반헌법적 행위를 '하나님의 뜻'이라고 간주하게 되면 공직자의 정치적 책임을 회피하는 가장 손쉬운 방법이자, 민주 시민의 헌법에 기초한 합리적 비판을 하나님의 역사에 대한 도전으로 둔갑시키게 된다. 브라질의 복음주의 지도자들이 폭동을 '영적 전쟁'으로 미화했듯이, 한국의 정치 지도자들이 "하나님의 계획"을 운운하며 나아가 "이제 뭉쳐서 싸우자"고 발언하는 것은 한국의 민주주의와 법치를 무력화시키는 시도가 될 수 있어 매우 우려스럽다.

이후 국민의힘 당대표가 된 장동혁의 행보는 2025년 10월 17일, 서울구치소에서 윤석열 전 대통령을 면회하면서 정점에 달했다. 장 대표는 윤석열 전 대통령 면회 후 자신의 SNS에 "윤 전 대통령이 힘든 상황에도 성경 말씀과 기도로 단단히 무장하고 있었다"고 전했다. 함께 갔던 김민수 최고위원 역시 "장 대표와 저, 두 남자의 눈물로 절반의 시간을 보냈다"고 면회 분위기를 전하며, "단결해서 싸워야 하는 싸움임을 분명히 했다"

고 덧붙였다. 장동혁 대표는 이 만남을 통해 "우리도 하나로 뭉쳐 싸우자"며 지지층에게 '좌파 정권으로부터 자유대한민국을 지키자'는 메시지를 발신한다. 이러한 장동혁 대표의 행보는 당내에서도 지지를 받지 못했고,[10] 조선일보 등 보수 일간지는 윤석열 전 대통령과 절연하지 못한 행보라며 비판했다.[11]

이 면회가 심각했던 지점은 전임 대통령에 대한 단순한 위로 행위가 아니라, 정치적·법적 문제를 신앙적 영역으로 끌어들이고 영적 전쟁으로 묘사했다는 점이다. 형법상 내란 우두머리 혐의를 받고 있는 전직 대통령을 성경으로 무장한 영적 투사로 묘사함으로써, 법치주의에 입각한 내란 재판 과정을 '신앙을 지키기 위한 고난'으로 탈바꿈시킨 것이다.

그렇다면 윤석열 전 대통령이 가진 신앙의 정체는 무엇이었는가? 특검 수사 결과 윤 전 대통령 부부가 통일교와 결탁하여 국민의힘 전당대회와 당내 경선에서 대규모의 통일교 신도 동원을 통해 도움받은 정황이 발견됐다. 특검은 한학자 통일교 총재가 윤석열 당시 대선 후보 지지 방침을 세운 뒤 국민의힘 17개 전체 시·도당에 후원금을 승인하는 등 국민의힘을 물심양면 지원했다고 보고 한 총재를 '정교유착' 의혹의 정점으로 지목해 구속기소했다.[12] 건진법사 전성배의 법정 진술에 따르면 김건희는 통일교로부터 샤넬백과 목걸이 등 금품을 수수하고 "잘 받았다"는 통화까지 했다고 한다.[13] 통일교는 일련의 대가로 정부 ODA(정부개발원조) 사업 등에 특혜를 받은 정황들이 드러났다.

그리고 오랜 시간 윤 전 대통령 부부의 멘토로 활동했다는 건진법사의 법당에는 일본의 신 아마테라스의 굿당이 있었다. 구약성경을 외운다면서 자신이 감옥에 가는지 역술인에게 묻거나 했던 김건희와 윤석열의 신앙의 정체는 대체 무엇인지 알 수 없다. 그렇게 복잡다단했던 윤석열의 신앙 세계가 야당대표의 구치소 면회 한 번으로 이제는 옥중에 있는 영적 투사가 되어버린 것이다. 그 영적인 싸움은 대체 무엇을 위한 싸움인 것인가? 신앙을 정쟁 수단으로 이용하는 현실이 그저 안타까울 뿐이다.

이처럼 '하나님의 계획' 등 종교적 언어를 사용한 정치 세력의 단일대오 강조는 브라질 복음주의 세력이 극우 포퓰리즘을 동원하는 방식과 완전히 궤를 같이한다. 신앙이 영혼의 구원과 개인의 위로가 아닌 정치적 집단의 무기로 변질될 때, 사회적 갈등은 합리적 토론으로 해결 불가능한 종교 전쟁으로 악화될 수 있다.

이러한 정치인들의 발언뿐만 아니라 한국 극우 기독교 세력의 근본적인 신앙적 이탈은 심각한 사회적 갈등을 야기할 수 있다. 이를테면 전광훈은 목사라는 타이틀을 달고 "하나님도 까불면 나한테 죽어"라는 발언을 서슴지 않았는데, 이는 한국의 극우 선동 정치가 이미 성경적 테두리를 벗어난 지 오래임을 상징적으로 보여준다. 그리고 대한민국 헌정사에 가장 충격적인 사건으로 기록될 서부지법 폭동 사태의 중심에 전광훈과 함께했던 교회 전도사들이 있었다는 사실은 반드시 기억해야 한다.

성경에서 이야기하는 기독교 신앙의 핵심은 하나님의 사랑과 그 은혜에 대한 갈망 그리고 예수 십자가 앞에 선 인간의 낮은 자세와 겸손이다. 성경에 나오는 위대한 선지자들조차 하나님의 부르심 앞에서 두려움과 낮은 자세를 보였다. "하나님도 까불면 나한테 죽어"라고 말하며 극우 정치의 선두에 선 전광훈의 발언들은 신성모독을 넘은 과대망상이다.

윤석열의 위헌적 계엄은 결코 하나님의 뜻이 아니다. 이 땅의 양심적인 기독교인과 교회는 명백히 선언해야 한다. 이는 보수와 진보의 문제가 아니라 헌정 질서와 민주주의 수호의 문제다. 성경이 요구하는 것은 정의와 공의이며, 이는 곧 법치와 헌법 수호를 바탕으로 한 질서를 의미하는 것이다. 성경을 잘 알고 하나님 앞에서 신앙 고백을 한 진실된 성도라면, 그리고 하나님 앞에 정치인으로서 소명을 받은 정치 지도자라면, 그들이 해야 할 일은 종교적 수사에 기대어 자신의 불법과 불의를 미화하는 것이 아니라, 자신의 잘못된 삶에 대해 십자가에 엎드려 진실로 회개해야 한다. 그리고 할 수만 있다면 갈기갈기

찢어진 한국 사회의 통합을 위한 헌신과 기도를 해야 한다.

무엇보다 한국 교회는 신앙을 정치적 투쟁의 무기로 삼아 사회를 분열시키는 행위를 단호히 거부해야 한다. 아모스 5장 24절 "오직 정의를 물같이, 공의를 마르지 않는 강같이 흐르게 할지어다"라는 말씀처럼 우리 정치 지도자들은 이 강물이 멈추지 않도록 헌법적 책임과 도덕적 의무를 다해야 하며, 신앙의 이름으로 민주주의를 잠식하려는 모든 시도에 맞서야 한다.

광주 CBS에 방문했을 때 누가복음 19장 40절 말씀이 새겨진 돌판을 본 적이 있다. "대답하여 이르시되 내가 너희에게 말하노니 만일 이 사람들이 침묵하면 돌들이 소리지르리라 하시니라." 하나님의 진리는 일개 정치 세력이나 선동가들에 의해 가려지지 않는다. 사람들이 진리에 침묵하면 하나님의 창조물인 돌들이 소리칠 것이라고 성경은 기록하고 있다.

진짜 기독교 신앙이란 무엇인가? 기독교는 보수와 진보의 종교가 아니며, 이 땅의 모든 계층을 포괄하는 '사랑' 그 자체인 예수 그리스도에 대한 이야기다. 만약 '하나님의 뜻'이라는 이름으로 극단의 정치, 보수와 진보로 나뉘어 서로 전쟁을 선포하는 장면이 우리 정치에 지속적으로 연출된다면 자신의 이름이 도용당한 하나님은 어떤 말씀을 하실까?

브라질 극우 기독교와 정치가 결합한 불행을 보여준 넷플릭스의 〈열대의 묵시록〉은 이제 남의 일이 아니다. 한국 민주주의의 위기 앞에 진실된 성도와 교회는 이제 외쳐야 한다. 불법적인 비상계엄은 하나님의 뜻이 아니라고! 신앙은 지극히 상식적이며 헌법적인 테두리 안에서 민주주의를 지키는 것임을, 무엇보다 하나님의 계획은 보수와 진보를 뛰어넘는 하나님의 경륜이기에 감히 선동의 정치 언어로 사용될 수 없음을 선포해야 한다. 이것이야말로 민주공화국을 지키는 진정한 신앙인의 소명일 것이다.

3장

슬기로운

아나운서 생활

자네,
제대하면 뭐 할 건가?

아나운서는 사실 내 버킷리스트에 없는 직업이었다. 대학 시절 내가 꿈꾸던 직업은 대학교수였다. 해외 대학에서 박사과정을 마치고 귀국하여 공부를 마무리하고 대학 캠퍼스에서 학생들을 만나는 일, 그것이 내겐 매력적으로 보였다. 무엇보다 한국 사회 담론을 강의와 책으로 풀어내는 모교 교수님들의 삶이 이상적으로 보였다. 당시 같은 학과에서 친하게 지낸 선배들이 사법·행정·외무 고시를 보기보단 사회과학 담론에 열정을 쏟던 사람들이었기에 그런 영향도 있었던 것 같다.

그런데 공군 장교로 군 복무를 1년 정도 했을 시점에 내 인생의 전환점이 다가왔다. 오랜 당뇨와 간경화 증세 악화로 아버지가 돌아가신 것이다. 항상 내게 많은 기대를 갖고 사랑해주셨던 아버지는 아들의 제대 후 모습도 보지 못한 채 결국 먼 여행을 떠나셨다. 3개월 뒤 안타깝게도 어머니마저 유방암 판정을 받았다. 어머니가 암 수술과 항암 치료를 받으시는 와중에 내겐 다른 선택지가 필요했다. 이제 홀로 되신 어머니를 돌봐야 했기에 해외 유학은 더 이상 내게 선택지가 아니었다.

'이제 무엇을 하며 살아야 하나?'

아나운서라는 직업은 어릴 적부터 동경의 대상이었지만, 이는 전적으로 시청자의 입장에서였다. '내가 하고 싶은' 혹은 '해야만 할 것' 같은 느낌을 처음부터 주었던 직업은 아니었다.

그러던 2002년 여름, 산꼭대기에 있는 공군 부대 근무지로 통근 차량을 타고 덜컹거리는 요란한 소리를 들으며 출근할 때였다. 늘 출근할 때마다 라디오를 듣고는 했는데, 그날따라 라디오 시사 프로그램 인터뷰 속에서 들려오는 한 진행자의 목소리가 내 귀를 사로잡았다.

한국 사회의 주요 현안을 놓고 주요 정치인들과 긴장된 인터뷰를 진행하는 모습, 사각형의 라디오 부스에 홀로 앉아 때로는 전화로, 때로는 스튜디오 안에서 직접 인터뷰를 진행하는 아나운서의 모습은 내게 정말 매력적으로 다가왔다. 뭐랄까 변방에서 전투를 하는 고독한 장수의 긴장감 같은 것마저 느낄 수 있었다. 뉴스의 유통 구조가 종이에서 TV로, TV에서 인터넷으로 넘어가는 추세였지만, 라디오 시사 프로그램을 통해 국민들의 이슈에 대한 이해와 소통을 돕는 아나운서의 모습은 시청자로서 동경만 했던 '그분들이 하는 일'에서 이젠 '내가 도전하고 싶은 일'로 만들었다.

결국 나는 유학의 꿈을 뒤로하고 아나운서 직종의 문을 두드리게 됐다. '나도 이런 역할을 해보고 싶다', '왠지 나도 잘할 수 있을 것 같다'라는 근거 없는 자신감과 잘하고 싶다는 도전의식이 생겼다. 그러나 하고 싶다고 모든 일을 시작할 수는 없는 일. 타인의 객관적인 시선에서 나를 판단해주는 조언도 듣고 싶었다.

그 와중에 근무하던 부대의 홍보 비디오를 제작하게 되었는데 정훈장교의 부탁으로 영상의 내레이션을 담당하게 됐다. 다큐 형식의 프로그램으로 군대에서 자체적으로 만드는 영상이었다. 하지만 장병들이 영상을 찍고 편집을 외부에 맡기는 방식이어서 돌이켜 보면 영상을 어떻게 완성했는지 모르겠다. 안 되면 되게 하라는 일념으로 어찌저찌 우당탕하여 홍보 비디오 영상을 완성했다.

드디어 시사회 날, 영상 시사회를 준비하고 있었는데 멀리 오산 공군작전사령부에서 단장님이 오신단다. 1,400m에 이르는 '하늘 아래 첫 번째 부대'에서 근무하는 장병들도 격려하고, 새로 만든 부대 홍보 영상 제작도 확인하기 위해 방문한 것이었다. 영상이 시작되자 체감온도 영하 30도에 이르는 격오지에서 근무하는 우리 장병들의 삶 그리고 그 안에서 보람과 재미를 찾아가는 장면들이 상영되면서 웃음소리도 몇 차례 터져 나왔다. 홍보 영상이 마무리되고, 영상이 상영되는 내내 만족스럽게 보시던 단장님이 내게 한마디 말을 남겼다.

"자네, 제대하면 뭐 할 건가? 목소리가 좋으니 아나운서 한번 해보게."

"아, 제가요? 아나운서를요? 고민해보겠습니다."

인생의 경험과 연륜이 많은 한 어른의 조언. 다른 사람의 눈에는 그냥 해주는 말일 수 있지만, 당사자인 내겐 "그래 박재홍! 방송인의 길을 한번 지원해봐!"라고 운명의 신이 옆에서 어깨를 슬쩍 밀어주는 격려로 다가왔다. 돌아가신 아버지도 생전에 IMF 위기가 드리운 대학 시절 미래를 걱정하던 내게 한번 도전해보라고 추천했던 직업 중 하나가 아나운서였다. 여러 기억의 조각들 속에서 내 마음에 도전 의식이 차오르게 됐다. 막연한 동경의 대상이었던 아나운서 직업의 문을 조금씩 두드리게 됐고, 본격적인 실기 준비를 위해 아나운서 아카데미를 알아보면서 기자와 PD 시험을 준비하는 스터디 그룹에도 들어갔다.

그렇게 나는 언론사 수험생의 대열에 들어가게 됐고, 2003년 6월 제대를 앞두고 CBS 공채 24기에 지원하게 됐다. 첫 지상파 아나운서 시험으로 인연을 맺게 된 CBS는 청소년기를 보낼 때 저녁 라디오 음악 방송으로 CCM을 자주 들으며 친숙하게 느꼈던 곳이기도 했다.

CBS는 공채가 자주 있는 곳은 아니었는데 이 회사와 인연이 있었던 것 같다. 어리바리하게 지원한 회사에 운이 좋게도 최종 면접까지 올라가게 되었다. 최종 면접 대기실에 들어가보니 남성 4명, 여성 4명의 아나운서 지원자가 있었다. PD, 기자 등 다른 직종 지원자들도 초조하게 자신의 차례를 준비하고 있었다. 자신이 준비한 원고를 열심히 보고 있는 친구들, 너무 긴장되어 손을 벌벌 떨고 있는 지원자도 보였다. 왠지 인생의 목표를 향해가는 여정에서 만난 그들과 같은 공간에 있다는 것만으로도 동지 의식이 생겼다.

내 앞 번호였던 아나운서 지원자가 면접을 마치고 나왔다. 면접이 어땠냐고 묻자 그는 의기 좋게 미리 준비한 예능 개인기를 하고 나왔다고 했다. 그 친구는 예능 프로그램 MC가 꿈이었고, 그러한 자신의 꿈도 면접장에서 밝혔다고 했다.

"박재홍 씨 들어가세요."

면접장에 들어가자 꽤 많은 면접위원들이 앉아 있었고 가운데에 사장으로 보이는 분이 빙그레 웃으면서 내게 입사하면 어떤 프로그램을 하고 싶은지 물었다.

"저는 시사 프로그램 진행자가 되고 싶습니다. 시대의 중요한 담론을 〈100분 토론〉처럼 공적인 토론 방송을 통해 다루면서 국민들이 숙의할 수 있는 공론장을 만드는 통로가 되고 싶습니다."

대답을 잘했던 것인지 면접관들의 분위기도 좋았다. 그런데 문제는 지원서 특기란에 노래를 적은 것이 화근이 되었다.

"박재홍 씨, 노래가 특기네. 자신 있는 곡으로 노래 한번 해보세요."

순간 머리가 하얘졌지만 물러설 곳은 없었다. 주저 없이 평소 자주 불렀던 CCM 중 한 곡을 불렀다. 심사위원들 몇 분이 기분 좋게 웃는 소리가 들렸다.

"여기까지 부르겠습니다."

함께 최종 전형에 올라왔던 남성 지원자 3명의 스펙과 실력이 뛰어났고, 여성 지원자들도 명문대 방송국 출신들이 다수여서 내가 합격할 것이라는 생각은 들지 않았다. 첫 아나운서 지원에 면접까지 올라왔으니 좋은 경험을 했다고 생각했다.

군 제대 후 2주가 지난 7월 중순쯤, 합격자가 발표됐다. 결과는 예상외의 합격. 당초 최종 합격자가 여성 1명, 남성 1명일 것으로 예상했는데 남성 2명이 합격했다. 군대에서 함께 지냈던 장교 동기가 CBS 라디오로 합격자 발표 소식을 들었다며 축하해주었다. 최종 면접 날 내 앞 차례 지원자로 예능 개인기를 했다며 의기 좋게 소감을 나눴던 친구는 나중에 방송 3사 중 한 곳의 아나운서가 되어 간판 예능 MC로 활약하다가 지금도 프리랜서 아나운서로 활발히 방송 중이다.

그렇게 2003년 8월부터 CBS에서의 삶이 시작됐다. 입사한 직후 나는 아나운서가 되기 위한 집중 훈련을 받았다. 당시 CBS는 표준FM과 음악FM, 케이블 채널을 운영하며 방송 영역 확장을 모색하고 있었고, 인터넷 뉴스 브랜드 '노컷뉴스'까지 선보이며 중앙 언론사로서 위상을 높이고 있었다. 최초의 민영 방송사로서 1954년부터 전파를 쏘아온 CBS는 〈시사자키 정관용입니다〉라는 정통 시사 라디오 프로그램을 만든 곳으로, 훌륭한 시사 프로그램 진행자가 되고자 꿈을 키웠던 내겐 더할 나위 없이 좋은 회사였다. 방송 3사보다 작은 회사였지만, 실력 있는 PD와 기자, 아나운서 선배들이 쟁쟁하게 있던 곳이라 회사 생활이 즐겁고 재밌었다.

신입 아나운서는 하루를 늘 뉴스 연습으로 시작했다. 선배들의 지도 아래 발성과 발음을 다듬고, 녹음한 뉴스를 모니터하면서 엄격하게 훈련을 받았다. 비염으로 인한 코맹맹이 소리와 늘지 않는 뉴스 리포팅 실력에 낙담해 스튜디오에 홀로 남아 눈시울을 적신 적도 있었다. 누구나 거쳐야 하는 고된 과정이었지만, 수습사원 4개월 동안은 언제나 고달프고 어려웠다.

그러던 어느 날, 드디어 첫 라디오 뉴스 데뷔의 순간이 왔다. 긴장하며 떨고 있는 내 어깨를 아나운서부장이었던 박명규 선배가 다독이며 조언했다.

"다른 건 생각하지 말고, 장단음만 지켜. 그게 프로와 아마추어의 차이야."

따뜻한 선배의 말은 부족한 내게 큰 힘이 되었다. 만화 《슬램덩크》의 주인공 강백호가 첫 레이업슛을 던지는 심정이 이랬을까? 시청자에게 뉴스 원고를 정성스럽게 '놓고 오자'는 심정으로 스튜디오에 들어갔다. 빨간색 On Air 불빛이 들어왔다. "CBS 뉴스입니다!"를 외치고 뉴스 원고를 읽어나갔다. 마지막 멘트 "박재홍이었습니다"를 말하며 네임 사인을 하고 무사히 첫 방송을 마쳤다. 무사히 마쳤다는 건 내가 잘했다는 게 아니라 큰 사고가 없었다는 뜻이다. 첫 뉴스 데뷔가 끝난 후 은퇴를 앞둔 한 아나운서 선배가 웃으며 말했다.

"9·11 테러가 또 난 줄 알았어!"

지나치게 씩씩한 톤으로 빠르게만 말했던 내 뉴스가 사람들에게 마치 큰 사건을 알리는 듯 5분 내내 긴박하게 들렸던 것이다. 선배들의 따뜻한 질책 속에서 나는 조금 더 차분하고 따뜻하게 뉴스를 전하는 법을 배워갔다. 그 첫 뉴스의 떨림과 두근거림은 잊을 수가 없다. 아나운서 커리어 첫 방송 녹음테이프는 지금도 가지고 있다.

돌이켜 보면 22년 차 언론인 아나운서 생활의 결정적인 시작점은 앞서 언급했던 2002년 군 복무 시절 만났던 공군작전사령부 단장님의 한마디였다.

"자네, 제대하면 뭐 할 건가? 목소리가 좋으니 아나운서 한번 해보게."

한 사람을 향한 진심 어린 조언 한마디는 인생의 중요한 나침반이 되기도 한다. 그때 내게 조언을 주신 단장님은 지금 어디서 무엇을 하고 계실까? 바라건대 〈한판승부〉 시청자이길, 흐뭇한 눈길로 공군 후배의 방송을 재밌게 보고 계시면 좋을 것 같다.

내 인생의 하프타임, 하버드에 가다

아나운서 생활 9년 차가 되던 해에 나는 내면적으로 충전의 시간이 필요했다. 뉴스 앵커부터 DJ까지 많은 방송 프로그램을 시도해본 상황이었기에 언론인 생활 후반전을 준비하기 위한 재충전의 시간이 필요했다. 선배들의 사례를 연구하고 자문을 구하며 찾은 길은 재직 중 해외 연수를 가는 것이었다. 대학 졸업 후 미국으로 가서 박사과정 유학을 고려했던 나로서는 못다 이룬 유학의 꿈이 내 마음 한편에 숙제로 남아 있었다. 그래서 회사 생활을 하며 차근차근 준비했다.

대개 기자나 PD 등 언론사 현직자들이 유학을 고려할 때, 자연스럽게 저널리즘 과정을 선택한다. 직무와 직접적인 연관성이 있어 입학 전형에서도 그동안의 경력이 플러스 요인으로 작용하며 합격 확률을 높여주기 때문이다. 물론 나 역시 저널리즘 과정에 관심이 없지는 않았다. 하지만 내가 궁극적으로 꿈꾸었던 시사 프로그램 진행자는 보도 저널리즘 연구를 넘어선 다양한 학문적 깊이가 요구됐다. 시사 프로그램 앵커는 복잡하게 얽힌 정치·경제·사회 현안을 꿰뚫어 보며 시청자들에게 폭넓은 시각을 제공하고 보여주는 능력이 필요하다. 정치·경제·사회 그리고 국제 문제를 깊이 공부하며 기초 소양과 시각을 다지는 과정이 더 매력적으로 다가왔다.

이와 더불어, 앵커로서 늘 고민했던 말하기와 소통의 문제를 깊이 있게 다룰 수 있는 리더십 및 커뮤니케이션 기술도 공부할 수 있는 과정이라면 금상첨화일 터였다. 이러한 문제의식과 배움의 욕구를 바탕으로 미국 주요 대학의 인터넷 홈페이지를 부지런히 검색했고, 관련 서적도 찾아 공부했다. 그런 가운데 마침내 이 모든 관심사를 만족시키는 과정을 발견했는데, 그곳은 바로 글로벌 리더의 산실이라고 불리는 하버드 케네디 스쿨(Harvard Kennedy School, 이하 HKS)이었다.

HKS의 커리큘럼은 내 예상보다 훨씬 광범위하고 깊이가 있었다. 미시와 거시 경제학은 물론이고, IMF와 미국 연방준비은행에서 일하는 실무진이 국제자본시장과 중앙은행에 관련된 강의를 직접 진행했다. 오랜 기간 미국 대통령들을 보좌한 경험이 있는 교수들이 담당하는 국제정치, 경제학, 민주주의 이론 그리고 정치 개혁을 다루는 과목들도 폭넓게 개설되어 있었다. 특히 로널드 하이페츠(Ronald Heifetz), 데이비드 거건, 마셜 간즈(Marshall Ganz) 같은 세계적인 리더십 대가들의 강의는 이 학교의 명성을 뒷받침했다. 이 때문에 HKS는 내게 국제적인 시사 감각과 분석 수준을 갖추기에 더없이 좋은 장소로 여겨졌다.

HKS가 커뮤니케이션과 협상 관련 커리큘럼을 운영하고 있었다는 점도 흥미로웠다. 정기적인 스피치 단기 세미나와 공공 스피치 정규 과목은, 전문 대학원의 말하기 교육 시스템을 직접 체험하며 배워보고 싶었던 나로서는 최적의 수업이었다.

반기문 전 UN 사무총장, 김민석 국무총리, 박진 전 외교부 장관 등 각계에서는 이미 HKS 출신 선배들이 활발히 활동하고 있었지만, 언론계에서는 HKS 출신이 대부분 기자들이었다. 대한민국 아나운서는 아직 가지 않았던 과정, 그 미답의 길이 내게 더욱 강한 매력으로 다가왔다.

그러나 유학을 가기엔 아직 여러 가지로 부족한 점이 많았기에 정말 간절하게 준비했다. 직장을 휴직하고 떠나는 길이었기에, 가장 가까운 곳에서 힘이 되어주었던 아내의 응원이 있었고, 양가 부모님 역시 아낌없는 성원을 보내주셨다. 가족들의 지지가 있었기에 나는 두려움 없이 유학을 향한 문을 두드릴 수 있었다.

입학을 위해서는 토플과 GRE(Graduate Record Examination: 미국의 대학원 입학 자격시험) 점수가 필요했다. 아나운서 경력이 도움이 될 수는 있었지만 하버드 입학 사정관들 입장에서는 '아나운서? 그래서 뭐?'라고 생각할 수 있었다. 그래서 내가 바꿀 수 없는 직장 경력이나 대학 졸업 성적 대신, 오직 노력으로 바꿀 수 있는 토플과 GRE 점수를 최대치로 올리고 싶었다. 퇴근 후 저녁 시간, 주말을 반납한 것은 물론 새벽 학원에 등록하여 띠동갑 학생들과 함께 시험을 준비했다. 출근 전 주로 정장을 입고 학원 수업을 들어 가끔 강사로 오해받기도 했다.

솔직히 나의 영어 실력은 시험은 어느 정도 볼 수 있으나, 영어로 편하게 대화할 수 있는 정도는 결코 아니었다. 문법에 강한 전형적인 한국식 '토종 영어' 실력이었다. 남들은 쉽게 하는 듯 보이는 토플 공부마저 나에게는 너무나 힘든 관문이었다. 직장인 특성상 학원에 있는 시간을 빼고 나면, 잠을 줄여서라도 하루에 최소 5~6시간은 순수 공부 시간으로 확보하기 위해 노력했다. 몇 달의 시간이 흐르고 태양 빛이 뜨거웠던 8월 첫날, 여름휴가를 반납하고 응시한 GRE 시험 결과는 다행스럽게도 주요 대학원에 합격 가능한 점수대였다. 영어 시험을 마치고 입학 준비 과정에서 가장 어렵고 중요한 입학 에세이

작성에도 최선을 다했다.

우여곡절 끝에 원서 접수를 마감한 후, 두 달여의 시간이 지나 마침내 HKS에서 메일이 왔다. 메일 제목은 'Interview Invitation'이었다. 나의 원서에 대한 검토를 마쳤으니 인터뷰 하자는 제안이었다. 합격은 아니었지만, 꿈을 향해 가까이 가고 있다는 생각에 알 수 없는 기대와 흥분이 교차했다.

메일에는 2월 초중순에 보스턴에 올 일이 있으면 학교에서 인터뷰해도 되고, 한국에서 전화상으로 인터뷰해도 된다는 내용이 담겨 있었다. 나의 선택은 보스턴 현지 인터뷰였다. 물론 나는 2월에 보스턴에 갈 일이 전혀 없었다. 하지만 이번 기회가 아니면 합격 여부와 관계없이 미국 땅을 영원히 밟아보지 못할 가능성도 있었다. 합격이 간절했기에, 직접 찾아가는 게 마지막까지 최선을 다하는 것이라고 생각했다. 결국 회사에 휴가를 내고 최대한 짧은 일정으로 보스턴으로 향했다.

2월 중순, 보스턴에는 눈이 제법 쌓여 있었다. 한인 재학생 선배들의 조언을 얻은 후, 인터뷰 담당자를 사무실에서 만났다. 그녀는 인터뷰가 시작되자 이력서에 기반한 많은 질문을 쏟아냈다. 가장 기억에 남은 질문은 리더십 관련 질문이었다.

만약 오늘 어떤 회사의 CEO로 선출되어 내일 취임사를 한다면, 직원들에게 무슨 내용의 연설을 하겠냐는 질문이었다. 인터뷰 담당관과 나 사이에 1~2초간 침묵이 흘렀다. 1분간 생각할 시간을 달라고 양해를 구한 뒤, 회사의 어려운 상황 속에서 비전을 제시하고 '긍정의 힘'을 믿자는 내용으로 연설을 하겠다고 말했다. 사실 무슨 말을 하는지도 모르고 대충 얼버무렸지만 마지막까지 최선을 다했기에 후회는 없었다. 인터뷰를 마치자 그녀는 한결 부드러운 얼굴로 학교생활에 대해 조언해 주었다. 특히 한인들이 모여 있는 곳에 사는 것이 가족들의 현지 적응에 큰 도움이 될 것이라고 했다.

하버드에서 인터뷰를 끝낸 후, 지루한 기다림의 시간이 있었다. 수시로 메일을 확인하고 열어보며 하루가 1년 같은 시간을 보냈다. 그리고 4월의 어느 날, 부활절을 앞둔 금요일 새벽 거짓말 같은 소식이 미국에서 날아왔다. 떨리는 마음으로 메일을 열며, 어떤 결과든 담담히 준비하자는 다짐을 거듭했다. 그리고 메일 속에는 기다리고 기다렸던 두 단어가 명확히 눈에 들어왔다.

'Congratulations, Admitted.'

"아, 합격이구나." 인고의 시간 끝에 마주한 기쁨, 바로 합격이었다. 유학을 준비해본 사람이라면 미국 대학에서 발송한 메일 안의 'Regret'과 'Congratulations', 그 두 단어가 주는 무게의 차이를 알 것이다. 40대 직장인의 문턱에서 결국 나는 하버드의 관문을 통과했다.

돌이켜 보면 입학 사정관들은 완벽한 성적표나 화려한 스펙이 아니라, 더 큰 배움을 위해 기꺼이 낯선 길을 택하며, 그 과정에 자신을 완전히 던질 수 있는 절박함과 진정성을 보고자 했던 것 같다. 그러한 배움에 대한 열정을 40대를 앞둔 한 한국인 언론인에게서도 발견했고, 나는 배움의 기회를 누릴 수 있게 됐다. 이제 그 간절함이 현실이 된 보스턴에서, 나는 겸손하게 배움의 첫발을 떼게 되었다. 가자, 보스턴으로.

시대의 결핍,
문제의 중심에 서라

보스턴에서의 학업이 특별했던 건, 단순히 하버드의 멋진 강의 때문만은 아니었다. 지하철 두 정거장이면 갈 수 있는 MIT, 그리고 찰스강 건너에 있는 하버드경영대학원, 또 다른 위엄을 풍기는 하버드로스쿨 그리고 국제기구 출신과 외교관이 가득한 터프츠대학교의 플레처(Fletcher)스쿨을 자유롭게 오가며 과목을 선택해 수강할 수 있는 풍부한 학습 기회에 있었다. 그렇게 한 강의실에서 다른 강의실로 향하는 발걸음은, 이방인의 설렘과 함께 새로운 세계를 마주하는 기대감으로 가득했다.

매일 아침, 케임브리지의 찰스강을 따라 걷다 보면 거대한 강물에 비치는 하늘처럼 내 마음도 한없이 넓어지는 기분이 들었다. 하버드 캠퍼스를 가로지르며, 고색창연한 벽돌 건물과 그 사이를 바쁘게 오가는 학생들을 보며 낯선 공기와 활기찬 에너지를 동시에 느꼈다.

그런 분주함 속에서도 나는 종종 HKS의 익숙한 강의실을 벗어나 새로운 지도를 그렸다. 하버드경영대학원의 사례 연구(Case Study) 수업은 그야말로 작은 전쟁터 같았다. 교수가 던지는 질문 하나에 수십 개의 손이 번쩍 들리고, 각자의 논리를 쏟아내며 서로의 주장을 반박하는 모습은 그 자체로 배움이었다. 반면, 조금은 한적하고 소박한 터프츠대학교 플레처스쿨의 풍경은 또 다른 울림을 주었다. 그곳에서 외교관, 국제기구 출신 등 다양한 이력의 사람들을 만났고, 특별히 HKS에는 없는 북한정치 수업을 들으면서 남북문제와 관련해 다른 나라 학생들의 관심과 시각을 듣는 것은 흥미로웠다.

이 시기는 내 안의 생각의 지평을 넓히는 중요한 시간이었다. HKS에는 트렌디한 강연은 물론 전 세계 학생들이 듣는 명강의가 많았다. 그중에서도 데이비드 거건 교수의 정치인 리더십 강의였던 〈Becoming a Leader(리더가 되는 법)〉라는 수업은 결코 잊기 힘들다. 거건 교수는 미국 백악관에서 대통령 4명을 보좌한 경험을 바탕으로, 정치적 위기 속에서의 리더십과 리더가 갖춰야 할 내적인 방향성은 무엇인가에 대해 늘 깊이 있는 강의를 진행했다. 그는 리처드 닉슨 대통령이 워터게이트 사건*으로 인해 대통령직에서 물러나는 사직서 초안을 쓸 때의 긴박함, 그리고 빌 클린턴 대통령에게 르윈스키 스캔들**과 관련해 '자료를 선제 공개하라'고 조언했던 일화를 학생들 앞에서 담담하게 풀어냈다. 화려한 정치적 성공담이 아니라, 역대 미국 대통령들이 가장 위태로운 순간에 마주해야 했던 고뇌와 선택을 이야기하는 모습은 내게 깊은 울림을 주었다.

거건 교수 강의의 핵심은 리더란 결국 자신의 성과나 권력을 과시하는 사람이 아니라, 자기 내면의 어두운 그림자도 외면하지 않고 마주 보는 용기를 가진 사람이라는 것이었다. 그

---

* 1972년 미국 대통령 리처드 닉슨의 재선 선거 과정에서 발생한 정치 스캔들이다. 당시 닉슨 대통령의 선거 캠프 요원들이 워싱턴 D.C.의 워터게이트 지역에 있는 민주당 전국위원회 사무실에 불법 침입해 도청 장치를 설치하려다 적발된 것이 사건의 발단이었다. 이후 백악관이 이를 은폐하려 한 사실이 드러나면서 사건이 확대되었고, 언론(특히 워싱턴포스트)의 지속적인 보도로 국민적 분노가 커졌다. 결국 의회 조사와 특검 수사 끝에 닉슨 대통령이 직접 은폐를 지시한 녹음테이프가 공개되었고, 닉슨은 1974년 미국 역사상 처음으로 자진 사임한 대통령이 되었다.

** 1995년부터 1997년까지 미국 대통령 빌 클린턴이 백악관 인턴 모니카 르윈스키와 성관계를 맺은 사실이 드러나면서 벌어진 정치 스캔들이다. 클린턴은 처음에는 이 사실을 부인했지만, 이후 각종 증거물이 나오면서 위증과 사법방해 혐의로 탄핵소추를 당했다. 하지만 탄핵소추안이 상원에서 부결되면서 클린턴은 대통령직을 유지했지만, 도덕성과 신뢰에는 큰 타격을 입었다.

어두운 그림자란 곧 자신의 약점, 실수, 그리고 비윤리적인 욕망을 의미했다. 거건 교수는 맹목적인 자신감은 리더를 파멸로 이끌 수 있다고 경고했다. 진짜 리더는 자신의 한계를 인정하고, 실패를 통해 배우며, 무엇보다 자신에게 솔직할 수 있어야 한다고 했다.

"닉슨 행정부 때를 회고해보면, 닉슨 대통령은 미국 대통령 중 외교 전략적으로 가장 뛰어난 아이디어맨이었습니다. 하지만 그의 성격에는 매우 어두운 면이 있었습니다. 그 어두운 면이 워터게이트를 만들었고, 닉슨을 퇴진으로 이끌게 됩니다. 빌 클린턴 대통령은 커뮤니케이션 스킬에 있어 가장 뛰어난 사람이었습니다. 자신을 지지하는 사람과 반대하는 사람 모두의 의견을 잘 듣는 탁월한 장점이 있었습니다. 그래서 클린턴이 조금 늦게 대통령이 되었다면 우리는 좀 더 성숙한 대통령을 만날 수 있었을 겁니다."

학기가 끝날 무렵, 거건 교수는 '리더의 일곱 가지 유혹'에 관해 강의했다. 그중 기억에 남은 것은 대통령이 당선된 후 자신의 성공에 도취되어 신념을 잃고 칭찬에만 목마르게 되면, 결국 자신은 물론 국가 공동체까지 위험에 빠뜨릴 수 있다는 것이었다. 무엇보다 대통령이 된 이후에 자신을 향한 참모들의 쓴소리나 언론의 비판을 겸허하게 들을 줄 알아야 한다는 것이었다.

그러나 동서고금을 막론하고 대통령의 자리에서 자신을 향한 비판이나 쓴소리를 주의 깊게 경청하고 성찰하며 자신을 고칠 수 있는 리더가 되는 것은 결코 쉬운 일은 아닌 것 같다. 대통령 개인의 성품에 기대하기보다는 민주주의가 제도적으로 잘 기능할 수 있는 환경을 만드는 것에 대한 고민이 더 중요한 게 아닐까 하는 생각이 들었다.

하버드를 졸업하는 날 졸업생들은 각 단과대 별로 자신의 학과를 상징하는 물건을 들고 입장한다. HKS의 경우 졸업생들이 하늘색 지구본을 들고 졸업식에 참여한다. 졸업 이후 전 세계 곳곳에서 벌어지고 있는 분쟁 지역의 문제나 자신이 돌아가게 될 조국에 산적한 문제들을 해결하러 간다는 실천적인 의미와 각오 그리고 자부심을 담고 있다.

데이비드 거건은 강의실을 떠나는 제자들에게 말했다.

"하버드 졸업장을 가질 여러분들에게 좋은 자리나 좋은 회사에 가라고 말하지 않겠습니다. 지금까지 제 삶은 어떤 자리를 추구하기보다는 제가 살았던 시대의 가장 중요한 문제들의 중심에 들어가고자 했습니다. 특히 제 수업에는 외국 유학생들이 많습니다. 여러분을 기다리는 그 시대의 결핍에 주목하시고, 그 문제의 중심으로 들어가시길 바랍니다. 그리고 해결하세요. 이게 제 마지막 메시지입니다."

이제 인생을 마무리하는 노교수의 명강의가 끝나는 날,

100여 명의 학생들이 일제히 기립하여 오랜 시간 존경의 박수를 쳤다. 이 책의 집필을 시작하기 얼마 전 데이비드 거건 교수가 타계했다는 소식을 들었다. 하버드에서 내게 가장 많은 영감을 주었던 분이기에 생을 마감하셨다는 소식에 여러 감정과 슬픔이 교차했다.

지난 10년간 대통령을 두 번이나 탄핵했지만 평화적인 정권 교체를 이뤄낸 대한민국. 유일한 분단국가로서 한반도 비핵화와 평화를 관리하고 동북아의 중심 국가로 나아가야 하는 우리의 현실 앞에서 담담하게 시대의 결핍을 마주하며 언론인으로서 더욱 정교한 질문을 던져야겠다. 이 실천적 배움과 각오야말로 보스턴의 시간이 내게 준 가장 큰 선물이었다.

서울대 3대 명강의를 아시나요?

2009년 서울대학교에서 '말하기와 토론'을 강의할 기회를 얻게 됐다. 3학점짜리 교양수업으로 일주일에 3시간 동안 학생들을 만나는 일이었다. 학교에 문의해보니 해당 강의는 당대 최고의 시사 프로그램 진행자인 정관용 교수, KBS 9시 뉴스 앵커였던 유정아 아나운서 등이 담당하고 있었고, 나도 현직 아나운서 중 한 명으로 강의에 참여하게 됐다.

당시 미국 정치에 버락 오바마가 혜성같이 등장하고, 스티브 잡스의 프레젠테이션 능력이 화제가 되면서 공적 말하기 능력은 21세기 리더의 중요한 소양으로 등장하기 시작했다. 이에 따라 국내 대학 강단에서 말하기 교육에 관심이 커지기 시작했다. 말하기나 화법 강의는 그 특성상 방송사 아나운서들이 대학에 직접 출강하는 경우가 많았는데, 내게도 그런 기회가 찾아온 것이다.

열정과 젊음이 가득한 캠퍼스의 싱그러움은 방송사 스튜디오가 줄 수 없는 또 다른 분위기를 주었다. 무엇보다 강의실에서 만난 학생들의 열정은 나에게 무한의 에너지를 주었다. 퇴근 후 강의 준비를 위해 밤을 새우는 경우가 다반사였지만, 강의실에서 만날 학생들을 생각하면 전혀 피곤하지 않았다.

강좌의 정원은 25명이었는데 수강 신청이 시작되면 '3초컷'으로 신청이 마감되는 인기 강좌였다. 온라인 수강 신청이 마감되면 이후 오프라인에서 학생들이 수강 신청서를 수기로 써서 초안지라는 서류를 제출하면 강사 재량으로 추가로 받을 수 있는 인원이 5명 정도로 제한되어 있었다. 따라서 그 자리에 들어오기 위해 학생들이 쓴 눈물 없이는 들을 수 없는 강의 신청 사연을 강사는 마주해야 했다. 그중에서 기억나는 것은 내 말하기 수업이 서울대생 강의 평가 사이트에서 '관악 3대 명강의' 중 하나로 소문이 나서 이 수업을 꼭 듣고 싶다는 구구절절한 사연이었다.

"교수님 수업이 관악 3대 명강의라는 것을 알고 계시는지요? 꼭 듣고 싶습니다. 초안지를 받아주세요."

학교의 공식적인 강의 평가 점수도 5점 만점에 4.8점을 기록했으니 학생들의 반응이 나쁜 것은 아니었지만 관악 3대 명

강의에 이를 정도는 아니었을 것이다. 다른 선생님들보다 상대적으로 젊었고 학생들의 편의를 잘 봐준 영향일 것이었다. 다만 강의를 긍정적으로 들은 학생들이 많았다는 정도의 해석은 가능한 것이니, 초임 시간강사로서는 다행스러운 일이었다.

수업 내용에 특별한 것은 없었다. 〈말하기와 토론〉 수업은 공통 강의 계획서를 바탕으로 수업하기 때문에 다른 강사들의 수업과 커리큘럼은 같았다. 다만 차별점을 주고자 했던 점은 말하기와 토론의 기술적인 측면을 넘어서 상대의 공감을 얻기 위해 가져야 할 태도에 관한 내용을 학생들과 많이 나누고자 했다.

학기 초에는 발성법과 말하기 훈련을 위한 언어적 차원의 방법론을 나누고, 학기 후반부에는 지성인의 태도에 관해 학생들과 고민했다. 내용은 특별한 게 아니라 나의 오류 가능성에 대한 인정과 내 주장과 생각 앞에 늘 겸허한 태도를 가질 것을 강조했다. 학기 말이 될 즈음엔 다음과 같은 메시지를 학생들에게 전했다.

"여러분이 사회에 나가면 세상은 여러분의 지식과 지성에 대해서는 의심하지 않을 것입니다. 다만, 세상은 궁금해하고 질문할 것입니다. 당신은 어떤 사람입니까?

여러분이 어떤 사람인지가 왜 중요합니까? 그 이유는 여러분은 의도하지 않더라도 장차 리더의 자리에 서게 될 가능성이 많고, 이 시대의 결핍과 질문들 앞에 함께 사는 공동체를 만들어 가야 할 사람이기 때문입니다. 급변하는 세상 속에서 우리가 갖춰야 할 것은 나의 생각이 틀릴 수 있다는 오류 가능성에 대한 인정이 가장 핵심이라고 생각합니다.

여러분, 최고의 지성인이란 무엇입니까? 사법고시를 전체 수석으로 패스하는 사람이 아닙니다. 서울대학교를 전체 수석으로 입학하거나 졸업한 사람도 아닙니다. 그런 최고의 성적을 지닌 사람들이 지금까지 우리 한국 사회를 풍요롭게 만들거나 주위를 행복하게 하지 못했음을 우리는 압니다.

저는 이 세상의 가장 뛰어난 인재는 자신이 틀릴 수 있다는 겸허함, 상대의 생각이 옳다고 인정할 수 있는 용기를 지닌 사람이라고 생각합니다. 여러분, 토론에서 패배하시기 바랍니다. 토론에서 지는 것을 즐기는 사람이 되기를 바랍니다. 촌철살인을 목표로 삼지 마시기 바랍니다. 오히려 사람들의 말을 잘 듣는 것으로 1등이 되시길 바랍니다. 그런 열린 마음과 겸허한 경청의 자세를 가진 사람이 될 때 여러분은 세상에서 가장 환영받고 공감받는 인재가 되실 것입니다.

저도 그렇게 겸허히 살 수 있도록 노력하면서 CBS의 작은 스튜디오에서 여러분을 늘 응원하겠습니다. 고맙습니다."

나의 강의실을 거쳐 간 서울대생 수가 돌이켜 보면 어림잡아

500명 정도는 될 것 같다. 그들은 지금 어디서 무엇을 하고 있을까? 아마도 각자의 영역에서 자리를 잡고 성실하고 멋지게 살고 있으리라 생각한다. 얼마 전 국회에서 주요 정당 5인의 의원들과 정책 배틀 토론회를 진행한 적이 있었다. 그때 토론 행사를 마친 후 한 국회 공무원이 내게 다가오면서 반갑게 인사했다.

"선생님, 저 기억하세요? 2012년 1학기 때 서울대학교 〈말하기와 토론〉 수업을 들었던 학생입니다. 선생님 수업 듣고 입법고시에 합격해서 지금 국회에서 일하고 있습니다. 선생님은 어떻게 하나도 안 변하셨나요? 정말 신기하네요."

약 12년 전 〈말하기와 토론〉 수업에서 만난 학생을 국회 토론 현장에서 우연히 만나게 된 것도 귀했지만 강의실에서의 모습과 지금의 모습이 변하지 않았다는 제자의 말이 무척이나 고마웠다.

서울대학교 교정에서 인생에서 가장 에너지가 넘치는 시기의 젊은이들과 함께 나눴던 나눔들은 사실 학생들을 위한 내용임과 동시에 나를 향해 던진 메시지이기도 했다. 극한의 진영 갈등 속에 상대의 말을 듣는 것조차 힘든 시대다. 앞으로의 삶에서 더욱 겸허한 마음으로 상대의 말에 한 걸음 더 들어가 들을 수 있는 열린 공간을 가질 수 있도록 노력해야겠다. 결국은 태도가 메시지이기 때문이다.

시대의 지성
이어령과의 만남

대한민국 지성사에서 이어령이라는 이름은 하나의 상징이었다. 대한민국 문학평론가이자 초대 문화부 장관, 시대를 대표하는 지성인이자, 생의 마지막에는 지성에서 영성의 세계로 화두를 이어가셨던 분이었다. 방송 진행자로서 그분을 가까이서 인터뷰로 만날 수 있었다는 것은 돌이켜 보면 큰 행운이었다.

    이어령 선생님을 처음 뵙게 된 것은 2017년 11월 1일, CBS 〈초대석〉 인터뷰를 통해서였다. 당시 선생님께서는 《지성에서 영성으로》라는 책을 세상에 내놓으신 때였다. 수많은 대중이 그의 깊은 지식과 혜안에 감탄해왔지만, 당시에는 영성의 영역으로까지 향하는 그의 여정에 세상의 이목이 쏠려 있었다. 선생님과 CBS와의 인연 덕분에 서울 마포구에 있는 선생님 연구소에서 직접 인터뷰를 진행할 수 있었는데 그날의 풍경은 잊히지 않는다. 책과 자료로 가득 찬 서재는 아늑한 스튜디오 같았고, 선생님은 온화한 미소로 CBS TV 제작진을 맞아주셨다.

인터뷰 전, 제작진이 준비한 질문지는 네 장이나 되었다. AI와 4차 산업혁명의 도래 속에 종교개혁 500주년을 맞은 한국 교회의 현재와 미래에 대한 질문 등이었다. 그런데 막상 카메라가 돌기 시작하자 준비한 질문을 거의 꺼내지 못했다. 아니, 꺼낼 필요가 없었다. 첫 질문 후 이어진 선생님의 말씀 한마디 한마디가 기승전결이 완벽한 구조 속에 깊은 성찰과 지혜를 담고 있었기 때문이다. 나는 그저 듣고 배우는 학생처럼 경청하는 자세로 카메라 앞에 앉아 있었다.

인터뷰 방송 편성 시간은 30분 남짓이었지만 선생님께서는 무려 2시간 동안 자신의 삶과 사상, 그리고 영성에 대한 이야기를 끊임없이 풀어내셨다. 녹화 내내 인터뷰의 핵심만 뽑아 편집해야 할 PD들의 얼굴이 아른거렸지만 모든 제작진이 선생님의 말씀을 듣는 것이 좋았다고 했다. 2025년 엔비디아의 약진 등으로 AI 발전 속도에 가속도가 붙으면서 AI가 전 세계의 화두가 되었지만, 이미 그보다 앞선 2017년 이어령 선생님은 인터뷰를 통해 AI와 인류가 어떻게 공존할 수 있을지에 대한 깊은 혜안을 제시하고 있었다.

이어령 선생님의 말씀에 따르면 우리가 지능이라고 부르는 것은 가장 낮은 단계의 아이큐(IQ)인데, 그다음 단계가 감성의 이큐(EQ)이고, 이보다 더 높은 차원이 영성을 의미하는 에스큐(SQ)다. AI(인공지능)는 점차 인간보다 똑똑해지면서 인간의 지능 영역을 대체하게 되겠지만, AI의 발전은 지능(IQ)의 우열을 평등하게 만들 뿐이라고 말했다.

그렇다면 AI 시대에 우리가 주목해야 할 것은 무엇일까? 선생님은 AI 시대 인간에게 마지막 희망을 주는 것은 지성이나 지능이 아니라, 기계가 가질 수 없는 영역, 즉 사랑과 덕성을 가진 마음이라고 지적한다. 즉 AI는 아무리 똑똑해도 생명이 될 수 없으며, 인간은 AI 시대에 비로소 생명에 대한 고귀함과 사랑이 중요함을 깨닫게 된다고 지적했다.

요컨대, 우리는 AI의 지능을 두려워할 것이 아니라 지혜를 만들어야 한다. AI 시대의 진정한 종교는 인간에게 마지막 희망을 주며, 기독교인의 사명은 AI와 공생할 수 있는 유일한 능력인 '사랑과 생명'을 통해 영성의 시대를 열어가는 것이다.

이어령 선생님은 인터뷰를 마치며 자신의 마지막 과제는 이제 메멘토 모리(Memento mori), 즉 죽음의 문제에 직면하는 것이라고 말했다. 가장 사랑했던 딸 이민아 목사의 죽음을 경험하면서 그의 지성은 삶과 죽음의 문제에 천착하면서 영성의 문제에 이르렀고, 이제 자신에게도 다가올 죽음의 문제를 마주하려는 것 같았다. 녹화를 마치고 선생님께서 웃으며 내게 말씀하셨다.

"CBS와 인터뷰하면 늘 기분이 좋네. 박 앵커, 식사나 한번 합시다."

사실 식사나 한번 하자고 하신 말씀은 흔한 인사치레 정도로 들었었다. 그런데 일주일 뒤 정말로 연구소에서 연락이 왔고, 연구소 근처의 한 고급 한식당에서 선생님을 뵙게 되었다. 밥상 위에서 선생님은 학자 특유의 깊은 언어로 말씀하시면서 동시에 아버지 같은 따뜻한 어른의 눈빛을 건네주셨다.

"멈추지 말고 공부하고, 다음에 올 땐 책 한 권을 써서 오게나."

이어령 선생님은 삶의 끝이 다가옴을 예감하면서 자신의 지적 작업들을 후세에 어떻게 남길 것인가에 대해 고민하고 계셨다. 그리고 그냥 지나쳐도 무방할, 아직은 덜 익은 진행자인 내게도 배움에 더욱 정진하라는 이야기를 비롯해 따뜻한 말씀을 남겨주셨다. 선생님의 말씀은 내 마음속에 오래도록 울림으로 남았다. 사실 이후에도 찾아뵙고 싶은 마음이 간절했으나, 책을 쓰지 못한 게으름이 면목이 없어 막상 연락을 드리지는 못했다.

그리고 2022년 2월 26일, 대한민국 지성사의 한 페이지를 장식했던 큰 어른이 영원한 안식에 들어가셨다는 소식을 접했다. 한국 사회의 대표 지성인으로 본인 스스로 평생을 멈추지 않고 배우며 질문하셨던 분, 시대의 변곡점마다 새로운 언어로 시대적 화두를 던지셨던 분. 이어령의 언어는 문학에만 머문 것이 아니라 과학과 생명을 넘어 영성의 세계에까지 도달하며 시대와 호흡했다.

이어령 선생님은 이제 그토록 사랑하셨던 따님 이민아 목사님과 하늘나라에서 재회하셨을 것이다. 나로서는 끝내 찾아뵙지 못했던 죄송한 마음이 부족한 이 글을 쓰게 하는 힘이 되었다. 이 한 챕터는 선생님께서 주신 격려와 가르침에 대한 작은 응답이다.

저널리즘이란 끊임없이 질문을 던지는 것이다. 언론인인 내게도 이어령 선생님의 지적 여정은 가장 값진 가르침이 되었다. 멈추지 않고 배우는 것 그리고 시대의 근본적인 문제에 질문하는 것. 앞으로도 이 남은 숙제에 최선을 다해야겠다.

시의 위로

그동안 나는 시사 프로그램 진행자로 뉴스에 익숙한 삶을 살아서인지 시에 대해서는 문외한이었다. 막상 시를 읽으면서 느끼는 감성도 그리 깊지 않았는데 정호승 시인을 인터뷰했던 날, 나는 비로소 '시의 위로'라는 말의 의미를 깨달았다. 지금까지 〈한판승부〉를 진행하면서 다양한 작가를 만나왔는데, 50년째 시를 쓰고 있다는 정호승 시인과의 인터뷰 시간에 가장 큰 위로를 받은 것이다.

인터뷰했던 날, 정호승 시인은 3년의 공백을 깨고 등단 50년을 맞아 낸 열다섯 번째 시집 《편의점에서 잠깐》을 가지고 왔다. 그날은 이재명 정부 출범 후 첫 국정감사가 시작된 지 3일째 되는 날이었다. 국회 과학기술정보방송통신위원회에서 여야 의원 2명이 서로 욕설을 주고받으며 심지어는 서로 멱살 잡이를 했다는 뉴스가 도배되었고, 유튜브에서는 두 의원의 설전이 서로 조회수 경쟁을 하는 형국이었다. 방송에서 한국 정치의 현실을 이야기하고 나니 무언가 독을 한 사발 마신 것 같았다. 국회의원들이 국정감사는 뒷전으로 하고 욕설을 하며 막장으로 싸우는 장면들을 보고 있자니 방송 화면에 미성년자 관람 불가 딱지라도 붙여야 하는 거 아닌가 싶었다.

 1부 진행을 마치고 깊게 숨을 몰아쉰 뒤, 2부에서 정호승 시인을 만났다. 〈한판승부〉의 프로그램은 보통 70~80%가량이 정치 아이템으로 구성되지만 마침 정호승 시인의 등단 50주년을 기념하는 새로운 시집이 나왔다고 하여 모두 기대하는 마음으로 방송에 시인을 모시게 된 것이었다.

 정호승 시인은 스튜디오에 온화하게 미소 지은 얼굴로 들어와 차분하게 시란 무엇인지, 자신의 시에 담긴 삶에 대한 철학과 생각을 나눠주었다. 방송이 진행되는 가운데 시인이 직접 시를 낭송하는 시간을 가졌는데, 그 시의 제목은 〈패배에 대하여〉라는 시였다. 삶의 성공에 대한 생각을 새롭게 정립할 수 있도록 도와주는 시였다. 내 삶이 반짝반짝 빛이 나지 않더라도, 그 자체로 귀하고 아름다운 것이라는 일상적이었지만 깊은 위로가 되는 내용이었다.

 방송을 준비하면서 읽은 이번 시집의 시 126편 중에서 방송 중 낭송하고 싶은 시로 나의 마음을 사로잡은 작품은 〈순댓국을 먹으며〉라는 제목의 시였다. 공감되었던 시구는 순댓국은 우리를 겸손하게 하며, 순댓국을 먹고 나면 과거를 변화시키고픈 마음마저 없어진다는 내용의 구절이었다.

"아 그렇지. 맞아. 순댓국 앞에서는 누구나 겸손해지고 과거에 대한 회한도 잠시 잊게 되지!"

시를 읽자마자 머릿속에 퇴근 후 동료들과 함께 도착한 순댓국집 풍경이 그려졌다. 가게 빈자리에 앉아 음식을 주문하고 숟가락과 젓가락을 수저통에서 꺼내 식탁 위에 놓고 기다릴 것이다. 종업원이 "순댓국 어떻게 해드릴까요?"라고 물으면 "순대만요!" 혹은 "오소리감투도 넣어주세요!"라고 각자 취향에 맞게 주문한다. 함께 온 사람들 모두 이제 같은 마음으로 각자의 한 그릇을 기다린다. 저마다의 사연을 가진 사람들이 함께 앉아 같은 메뉴를 기다리고 있는 식당 풍경이 눈앞에 그려진다. 마침내 보글보글 끓으며 내 앞에 놓인 순댓국을 호호 불며 한 숟가락을 떠서 입에 넣었을 때 뜨거운 국물이 온몸을 감싸준다. 그 온기에 하루의 스트레스와 고민을 잠시 잊는다.

순댓국 한 그릇이 주는 평온함을 간단하지만 깊게 짚어주는 놀라운 시의 문장들이 정치 뉴스에 지친 내 마음을 녹여주었다. 순댓국 한 그릇 앞이라면 부자든 가난한 사람이든 모두에게 똑같다. 그 한 그릇이 주는 맛과 따뜻함은 권력이 있건 없건 누구나 똑같이 누리는 특권이 아니던가. 시인의 문장들 안에 따뜻한 순댓국 한 그릇으로 느낄 수 있는 순간의 행복이 가득 담겨 있었다.

　매일 여의도 정치의 풍경을 그림 그리듯 전하다가 순댓국과 관련한 시를 방송 중에 낭송하자, 시청자들도 시에 담긴 국밥 한 그릇의 온기에 일상을 잠시 멈추고 마음이 다시 회복되는 순간을 경험했다. 시 낭송을 마치자 시청자 반응이 실시간 문자로 올라왔다.

　"퇴근하면서 마음에 위로를 얻었습니다."

　"하루 종일 복잡한 일로 시달리다 시낭송으로 위로를 받습니다."

　정호승 시인은 시 창작의 원천으로 '슬픔'과 '어머니'를 꼽았다. 시인의 어머니는 생전에 "시는 슬플 때 써야 한다"고 하셨다는데 그 말씀이 자신의 인생을 바꿨다고 했다. 어찌 보면 시인의 어머니는 인생의 고통스러운 시간을 견디기 위한 처방전으로 아들에게 시를 써보라고 조언하셨던 것 같다. 삶의 비극과 슬픔이 주는 무게에 압도되어 인생을 후회하거나 아파하기보다 오히려 그 아픔의 무게를 시를 쓰는 에너지로 승화하라는 가르침이었고, 그 슬픔을 시로 승화하는 과정을 통해 오히려 치유할 수 있다는 진리를 알고 계셨던 것은 아닐까?

　문학에 문외한인 내게 정호승 시인은 시를 가르쳐주었다.

방송 후 서점에 가서 시인의 열다섯 번째 시집 《편의점에서 잠깐》을 다시 구입했다. 방송 제작을 위해 제작진과 함께 돌려 읽은 홍보용 책 말고 나만의 책을 간직하고 싶었기 때문이다.

그날 이후 시집을 더 가까이 하게 됐다. 매일 만나는 정치 뉴스와 논객들 사이에서 가끔 마음이 힘들거나 사람들이 없는 나만의 공간에 있고 싶을 때 다시 시집을 꺼낸다. 한 문장이라도 읽고 나면 이내 겸손해지고 마음이 차분해짐을 경험했기 때문이다.

정호승 시인이 시집을 통해 나누었던 것을 다시 떠올려보면 하루의 삶을 살아낼 수 있도록 하는 내적인 힘을 준 구절들이 있다. 우리의 인생은 승리를 위해서 사는 것도 아니며 오히려 패배하기 위해 살 때 더 자유로워진다는 것을. 이별이 다가와도 그 이별마저도 사랑의 완성이라는 눈을 갖게 되면 내게 다가온 모든 시간에 감사할 수 있다는 것을 알았다. 언제가 시집 읽기가 더욱 익숙해지면 나만의 시집을 쓰는 것을 내 인생의 버킷리스트로 삼아야겠다.

아나운서 출신
첫 노조위원장

2019년 6월부터 2년 동안 CBS 노조위원장을 맡게 되었다. 사실 CBS 뿐 아니라 전국언론노조에 소속된 KBS, MBC, SBS 같은 방송사를 포함해도 아나운서가 위원장으로 선출된 적은 없었다.

아나운서 출신 노조위원장이 없었던 이유에는 여러 가지가 있을 것이다. 아나운서의 경우 노조의 전임자를 하기에는 방송에서 빠질 수 없는 핵심 인력인 경우가 많으므로 굳이 나설 필요가 없었을 것이다. 또 방송사별로 아나운서 직군은 기자, PD, 방송기술 직군에 비해 사내에 인원수가 적기 때문에 선거로 선출되는 노조 전임자로 나서는 경우도 확률상 낮았다.

그럼에도 내가 노조 일을 하기 위해 나선 이유는 명확했다. 오너가 없는 재단법인 CBS는 건강한 노사 관계가 회사 운영에 너무나 중요했기 때문이다. 입사 이후 줄곧 노조원 신분으로 지내며, 대의원·중앙위원·부위원장 등 다양한 역할을 수행했고, 언젠가 자연스레 위원장의 책임도 맡게 된다면 거부하지 않겠노라 다짐해온 터였다. 공정 방송을 실천하고 조합원들의 노동 조건을 개선해야 한다는 공적인 명분도 충분히 매력적이었다. 무엇보다 CBS와 선후배 구성원들이 내게 베풀어준 혜택과 배려가 많았기에, 연차에 걸맞게 동료와 회사를 위해 헌신하는 것은 결코 어려운 선택이 아니었다.

지금까지 노조위원장은 선거를 통해 선출하는 경우가 많았다. 내 전임 위원장도 투표로 선출되었지만, 나의 경우는 다행히 단독으로 출마해 조합원의 찬반 투표로 선출되는 방식이었다. 투표에 앞서 현장의 요구를 듣기 위해 전국 13개 CBS 지역 본부에 있는 조합원들을 직접 만나러 다녔다. 조합원들의 이야기를 듣고 보니 관념적으로만 다가왔던 그들의 삶이 이제 하나하나 나의 문제가 되었고, 꼭 해결하지 않으면 안 되는 나의 임무가 되었다. CBS 조합원들을 직능별·지역별로 방문하여 목소리를 듣고 지지를 호소한 끝에, CBS 조합원 찬반 투표에서 95%라는 압도적인 지지를 얻어 노조위원장 임기를 시작할 수 있었다.

노조위원장 임기 중 가장 중점적으로 진행했던 것은 주 40시간 법정 근로제 시행에 따라 방송사 노동자들의 근무 패러다임을 다시 설계하는 일과 코로나 팬데믹을 조합원들이 무사히 통과하도록 돕는 일이었다.

대외적으로는 전국언론노조 부위원장 당연직 역할도 수행해야 했는데 공영방송 지배 구조 개선을 위한 해법을 고민하면서 대정부 요구와 거리 투쟁을 하는 일 또한 큰 배움의 시간이었다. 언론노조에 소속된 타 언론사 노조위원장들 및 언론노조 전임자들과 교류하며 대화했던 시간은 나의 좁은 시각을 한국 언론계 전체로 확장해주는 귀중한 경험이 되었다.

노조위원장 임기 2년 동안 아나운서 박재홍의 방송은 멈추었지만, 언론인 박재홍의 시간은 계속되었다. 그 시간으로 인해 삶의 지평은 더 넓어지고 사람과 사회를 바라보는 관점도 깊어지면서 앵커로서 프로그램을 진행하는 능력도 보이지는 않지만 성장하게 됐다. 〈한판승부〉가 론칭되고 CP(수석 프로듀서)로 함께 방송을 제작하던 한 선배가 말했다.

"노조를 하면서 네게 무슨 일이 있었던 거야? 너 많이 변했다. 방송 진행 태도가 더 긍정적으로 변한 것 같아."

아마도 많은 사람을 만나며 그들의 문제에 공감하고 현장에서 문제 해결을 위해 시간과 노력을 쏟으며, 때로는 나의 한계와 무능함에 좌절하기도 하면서 내적인 성장을 이룬 것이 아닐까 싶다.

  2년의 임기 동안 나의 부족함에도 함께하며 연대해주었던 동료 노조원들과 노조 집행부에 이 자리를 빌려 다시 한번 감사의 마음을 전한다. 그대들 덕분에 버틸 수 있었고 성장할 수 있었다고.

7번의 방송 하차,
그리고 〈한판승부〉

아나운서로서 나는 상복이 많은 편이다. 2016년 한국방송대상 아나운서상을 받았고, 2021년에는 한국아나운서대상 시사 프로그램 진행자상, 2023년에는 한국아나운서대상 영예의 대상을 수상하기도 했다. 사실 내 능력보다는 주위 동료들을 잘 만난 덕이다. 좋은 프로그램과 제작진을 만났고, 아나운서 선후배의 추천이 큰 힘을 발휘했다. 이런 수상 경력만 보면 내 방송 생활이 늘 성공 가도를 달린 것처럼 보이지만, 자세히 들여다보면 수많은(?) 실패와 프로그램 개편으로 인한 눈물이 있었다.
    CBS에서 나는 타사 아나운서보다 내 이름을 건 단독 진행 프로그램을 빨리 맡은 편이었다. 첫 프로그램은 2005년 가을 개편에서 미담 시사와 주인공을 발굴하는 〈굿뉴스 투데이〉라는 프로그램이었다. 그러나 미담 시사의 주인공을 인터뷰하고 그분들이 경험한 인생의 시간에 대해 진지하게 마주하기엔 내 인생의 깊이와 연륜이 너무 부족했다. 한마디로 인터뷰 실력이 형편없었다는 뜻이다. 그로 인해 방송을 마치고 나면 나는 바로 편성국장실로 불려 가곤 했다.

"어이 박재홍, 이거 원고 누가 쓴 거야? 그리고 너는 왜 이걸 또 그대로 멘트하는 거야?"

쉽지 않았다. 방송 능력이 부족하니 점차 인터뷰가 두려워졌고 출근하는 것이 공포였다. 돌이켜 보면 당시 회사 생활은 하루하루가 고역이었다. 생방송을 마치고 나면 PD와 함께 국장실로 불려 가서 혼나는 것이 일상이었으니, 이 직업을 계속 하는 것이 맞나 하는 생각마저 들었다. 결국 처음 맡게 된 인터뷰 전문 프로그램 〈굿뉴스 투데이〉는 폐지됐다. 시사 프로그램 진행자가 되고 싶다고 노래를 부르길래 일을 시켜봤는데, 막상 맡겨보니 별거 없다는 말을 들을 것만 같았다. 하지만 나의 실패를 물끄러미 바라보던 한 시니어 선배가 이렇게 말했다.

"재홍이는 큰 MC가 될 거야. 이제 올라갈 일만 남았어. 정말이야."

용기가 필요한 순간, 따뜻한 한 선배의 믿음과 격려는 크게 힘이 되었다. '그래, 열심히 하루하루 살아보자' 다짐하고 매일 다시 일어섰다. 이렇게 그 이후 나의 방송 생활은 승승장구로 이어졌을까? 슬프게도 〈굿뉴스 투데이〉의 폐지는 내 실패 연대기의 시작일 뿐이었다.

2003년 입사 이후 2019년 6월 노조위원장으로 발령 나기 전까지 내 이름을 딴 프로그램이 6개 정도 더 있었던 기억이 난다. 네이버 검색창에 '박재홍'을 타이핑하면 그동안 개편했던 프로그램의 이름이 나왔다. 이 기록을 마주할 때면 나는 기분이 나쁘지만은 않았다. 결과는 좋지 않았지만 결국 나의 도전과 성장의 기록이었기 때문이다.

CBS에서 정말 좋은 선배들을 많이 만났다. 늘 내게 기회를 주려 했고 지원해주려 했다. 〈파워스포츠〉라는 라디오 스포츠 전문 프로그램도 진행한 적이 있는데, 개편 회의에서 이 프로그램의 아이디어를 제안했던 PD 선배가 내게 말했다. "재홍아, 네가 진행하는 모습을 상상하면서 론칭한 프로그램이야. 프로그램을 진행하는 너의 모습을 생각해봤어. 정말 잘 어울릴 거야." 내가 진행하는 모습을 상상하며 개편 제안을 하고 프로그램까지 제안해주는 선배들이 있다니, 나는 정말 행복한 사람이었다.

그러나 내가 맡았던 대부분의 프로그램이 방송국 사정이든 나의 진행 능력 부족이든 대개 2년이 지나지 않아 폐지나 개편 대상이 되었다. 그럼에도 '나의 도전 연대기'는 계속되었다.

2021년 6월 노조위원장 임기를 마치고 제작국 아나운서부로 다시 복귀했다. 무엇을 하게 될지 명확하지 않은 시기, 내게 다가온 프로그램이 〈한판승부〉였다. 1980년 11월 신군부의 언론 통폐합으로* 뉴스 기능을 잃었던 CBS는 1987년 10월 15일 뉴스 기능을 회복하게 된다. 이후 2010년대에는 CBS 라디오 정통 시사 프로그램의 상징과 같았던 〈시사자키 정관용입니다〉가 10년 동안 방송되다가 2020년에 폐지된 상황이었다. CBS는 유튜브가 주류 콘텐츠 플랫폼으로 부상하는 국면에 새로운 시도를 하고자 했다. 프로그램 담당 CP 선배의 설명을 들으니 〈한판승부〉는 진중권, 김성회(현 22대 국회의원) 두 사람이 시사 현안에 대해 서로 다른 스탠스로 찬반 혹은 보수·진보의

* 쿠데타로 집권한 전두환 신군부는 CBS가 반정부 성향 보도를 한다는 이유로 1980년 11월 25일 CBS의 보도와 광고 기능을 중단시키고 종교 방송만 남겼다. 당시 신군부는 전국 64개 매체를 14개 신문·3개 방송·1개 통신으로 축소했고, 1,000여 명의 언론인이 강제 해직됐다. 한국기독교교회협의회는 1985년부터 CBS 방송 정상화를 위해 주요 교단들과 힘을 합쳤고, 그 노력의 결실로 1986년 'CBS 기능 정상화 범기독교 추진위원회'를 결성했다. 이듬해인 1987년에는 교회협 언론대책위원회를 구성해 CBS 방송 정상화를 위해 발 벗고 나섰고, 100만인 서명운동으로 확산되었다. 교계의 든든한 기도와 지지는 1987년 서울대생 박종철 고문치사 사건의 진실을 알리는 기폭제가 됐고, 그해 1987년 10월 15일, 언론 통폐합 조치로 보도 기능이 중단된 지 만 6년 11개월 만에 CBS 뉴스가 부활했다.

편에 서서 '한판승부'를 벌이는 프로그램이었다. 내가 제안받은 역할은 이 현장의 중간에서 토론을 조정하는 MC였다.

그런데 그동안 앵커 1명이 주도하며 1 대 1 인터뷰를 진행하는 정통 시사 프로그램 포맷이 전부라고 생각한 나로서는 개성 강한 패널 사이에서 진행을 잘할 수 있을까 하는 두려움도 들었다. '이 프로그램에 들어가는 것이 맞을까? 경력이 더 많은 사람이 해야 하는 것은 아닐까?' 하는 고민이 마음속에서 함께 일렁였다.

다른 한편으로는 프로그램을 무조건 해야 할 이유도 많았다. 진중권 작가의 경우 오랜 시간 시사 프로그램의 패널로 활동해온 대표 논객 중 한 사람이었고, 김성회 소장의 경우도 단단한 실력과 내공을 바탕으로 당시 시사 프로그램의 블루칩으로 주목받는 분이었다. 당시 최고의 주가를 올리던 분들과 함께 방송하는 것을 피할 이유가 전혀 없었던 것이다. 오히려 나는 2년 정도 방송 공백기가 있었기 때문에 실력 있는 논객들의 토론을 중간에서 조정하고 중재하는 역할이 더 좋을 수도 있었다. 이러한 판단과 함께 〈한판승부〉는 내게 정말 좋은 기회일 것이라는 확신이 들었다. 결국 제작국장과 CP의 제안에 감사한 마음으로 적극 화답했고, 2021년 7월 12일 역사적인 〈한판승부〉 첫 방송이 시작됐다.

선수들끼리의 방송인지라 프로그램은 각종 화제성을 뿜

리며 곧 자리를 잡았다. 7번의 방송 하차 후 만난 〈한판승부〉는 1년이 지나자 〈'박재홍'의 한판승부〉가 되었고, 진행자로서 2021년 한국아나운서대상 라디오진행자상 시사부문, 2023년에는 영예의 한국아나운서대상 수상자가 되는 영광을 누리게 되었다. 늘 최고의 서포터였던 〈한판승부〉 프로그램 PD, 작가 등 제작진과 부족한 내게 늘 격려와 응원을 아끼지 않았던 CBS 선후배 동료들의 힘 덕분이었다.

    22년 차 방송 생활을 하면서 느끼는 게 있다. 혼자 잘나서 되는 것은 하나도 없다는 것이다. 한 명의 진행자가 방송 진행을 잘해봤자 한계가 있다. 함께 〈한판승부〉를 제작해준 PD들, 인터뷰에 흔쾌히 응해준 게스트들, 그리고 방송에 관심과 사랑을 보내준 시청자들, 프로그램 제작 환경 뒤에서 희생하고 지원해준 아나운서, 여러 선후배들의 배려 덕분에 얻게 된 성과였다. 7전 8기의 성공, 나는 정말 운이 좋았을 뿐이었다.

    〈한판승부〉는 2024년 3R 라디오 청취율 조사에서 최근 20년 동안 저녁 시간대 CBS 표준FM 자체 최고의 청취율이 나왔다. 〈시사자키 정관용입니다〉가 기록했던 종전의 청취율 기록을 뛰어넘는 수치가 1년 넘게 지속되면서 이제는 〈한판승부〉가 CBS 표준FM을 대표하는 중요한 한 축이 됐다. 그저 감사한 마음뿐이다. 언제까지 이 방송을 할 수 있을지 모르나 내게 주어진 시간과 공간에서 마지막 날까지 최선을 다하고 싶다.

2024년 연세대학교 신입생 채플에 강사로 초청되어 강연한 적이 있다. 이제 인생의 꿈을 펼쳐나갈 1,400여 명의 신입생들에게 나의 실패 연대기를 들려주었다. 아나운서가 되고 일을 잘하고 싶었으나 잘할 수 없어 한 걸음 더 노력했다, 그 노력에도 성공은 없었으나 과정이 행복하고 좋았다, 그렇게 실패하면서 조금씩 나아갔더니 각각의 실패가 하나의 퍼즐이 되어 내 지난 삶을 이해할 수 있게 되었고 그렇게 모든 퍼즐이 완성되었다는 내용이었다. 강연을 마치자 한 청년이 조심스레 다가와 내게 인사를 했다.

　　"앵커님 이야기에 많은 힘과 위로를 얻고 갑니다. 감사해요."

　　단 한 사람이라도 나의 이야기에 공감하고 힘을 얻게 됐다면 나의 실패와 도전의 시간들은 더욱 의미 있는 시간이었을 것이다. 〈한판승부〉 유튜브 채널은 이제 100만 구독자 돌파를 눈앞에 두고 있다. 유튜브에서 제공한다는 말로만 듣던 골드 버튼을 '언박싱'하는 날, 이 프로그램의 주인이자 가족인 시청자들 그리고 우리 제작진에게 이런 말을 남기려고 한다.

　　"지금까지의 모든 기다림과 인내의 시간에 감사드립니다."

영정 사진으로 만난 애청자

대부분 인기 시사 콘텐츠 진행자들에게는 팬덤이 있다. 특히 유튜브 진행자로 확실한 정치색을 드러낼 때 더욱 그렇다. 하지만 지상파 시사 프로그램 진행자들이나 앵커들의 경우 중립적인 스탠스를 원칙으로 진행하기에 특별한 경우가 아니라면 팬덤이라고 할 만한 '애청자'가 제한적이다.

 굳이 팬덤 이야기를 꺼내지 않더라도 프로그램 진행자로서 내겐 특별한 끼나 매력이 그리 많지 않은 것도 사실이다. 그래서 오랜 기간 성원을 보내고 격려해주는 시청자를 만날 때면 그저 감사한 마음이 들 뿐이다. 야구선수에게 자신의 야구를 좋아해주는 한 사람이 중요하듯, 방송하는 사람에게 있어 자신의 방송에 박수를 보내고 인정해주는 한 사람은 그 무엇과도 비교할 수 없는 든든한 지원군인 셈이다.

이제 〈한판승부〉도 어느덧 자리를 잡아 유튜브 채널은 100만 구독자를 향해 가고 있고, 오프라인에서도 아낌없이 응원해주는 감사한 분들을 뵙게 된다. 그분들 중에 내 마음 한구석에 잊을 수 없는 하늘의 별처럼 남게 된 시청자 한 분이 있다.

어느 날 교회 목사님에게서 전화가 왔다. ○○님이 갑자기 사고로 돌아가셨는데, 가능하면 빈소에 와주었으면 좋겠다고 말씀하셨다. 지난 주에도 오가면서 반갑게 내 손을 잡아주며 격려해주었던 ○○님이 갑자기 소천하셨다는 사실을 믿을 수 없었다. 멍한 마음에 하늘을 바라보고 있었는데, 소식을 전해주신 분이 한마디 더 하셨다.

"가능하시면 ○○님 추도 예배에 한번 와주시면 좋을 것 같아요."

사실 교회에서 장례식에 와주기를 한 번 더 권면받는 경우가 많지는 않았기에 목사님에게 이유를 물어보고 싶었다. 알고 보니 유족들이 영정 사진으로 선택한 사진이 고인이 생전에 나와 함께 둘이서 찍었던 사진을 편집한 것이었다.

"박 아나운서랑 찍은 사진 속의 어머니가 가장 행복하고 밝은 얼굴이었어요."

고인의 휴대전화 사진첩 속 수백 장의 사진 중에서 최근 모습 중 가장 밝게 웃고 계신 얼굴이 나와 둘이 찍은 사진 속 얼굴이었기에 유족들이 고인의 얼굴만 편집해 영정 사진으로 만든 것이었다. 방송을 마치고 장례식장에 도착해서 보니 고인은 영정 사진 속에서 밝게 웃고 계셨다.

시사 프로그램의 특성상 시청자들에게 욕만 듣지 않아도 본전은 하는 것이다. 나와 내 부족한 방송이 고인에게 인생의 한순간 밝은 미소를 선물할 수 있었다는 사실만으로도 그저 감사한 마음이 들었고, 헌화를 하는 순간 묵직하고 뜨거운 눈물이 가슴 속에서 솟구쳤다.

고인은 생전에 직업 교사로서 교편을 잡았다가 정년을 마치고 은퇴한 선생님이었다. 교회를 오고 가다 뵙게 되면 긴 말씀을 하지는 않았지만 오가는 순간마다 너무나 반갑게 맞아주며 딱 두 마디를 하셨다.

"우리 박 아나운서 너무 잘해요. 방송 너무 좋아요."

고인의 이 따뜻한 격려의 말과 환한 미소를 선물받을 때면 그날 하루의 일과를 잘 마친 기분이 들었다. 매일 논쟁적인 이슈 현장을 전하는 방송을 하다 보니 무조건적인 칭찬과 인정을 해주는 내 편이 있으면 좋겠다고 생각한 적이 있다. 부정적인 비판이야 방송 중에 흔하게 받기 때문이었다.

"박재홍 너 좌파지?", "보수의 편에 서서 계속 질문하는 걸 보니 한자리 바라는 거야?", "역시 노조위원장 출신인 놈인 걸

감안하셔야".

　이제는 이런 부정적인 댓글들에 많이 익숙해져 있지만, 가끔은 숨이 막혀오는 불안감이 몰려와 깊은 한숨을 내쉬게 된다. 어디서부터 설명을 해야 하고 어디서부터 나의 진심을 얘기해야 할지 막막하기 때문이다. 방송에 참여한 게스트들이 격론을 주고받으며 내뱉은 가시 돋친 독설이 내 안에서 오래 머물러서 홀로 앉아 내 마음과 정신을 진정시켜야 하는 경우도 종종 있었다. 간혹 그럴 때 좋아하는 음악을 들으면서 마음의 독을 씻어내곤 했다.

　정답이 없는 정치 이야기 속에서 헤어 나오기 위해 노력하는 날이 있다. 이유도, 영문도 모른 채 방송 중 실시간 댓글로 욕을 진탕 먹은 날이면 드라마 〈나의 해방일지〉 OST 같은 나만의 플레이리스트를 들었다. 물론 주위 사람을 감정적으로 괴롭히지 않고 싶었기에 홀로 차 안에 앉아 볼륨을 적당히 틀어놓고 곽진언의 음악을 들으며 하루를 마치곤 했다.

　"누구라도 상관없으니 나를 좀 안아줬으면."

　가족이 아니더라도 때로는 무조건적인 지지와 긍정적인 피드백을 주는 지원군이 필요하다고 생각할 때가 간혹 있었다. 아마 내 마음 한편에 있던 그 결핍이 내 어머니 연배보다 조금 더 많았던 그 선생님의 영정 사진 속 환한 미소로 일순간에 채워졌던 것이다.

고인을 위한 마지막 환송 예배를 드리던 날, 늘 좋은 방송을 하라고 격려해주시던 그 사랑과 응원을 에너지로 삼아 내일의 방송도 성실히 해낼 수 있기를 기도했다. 내 방송이 나에겐 직업으로서, 직장인으로서 하는 일상의 삶이지만, 방송을 함께 해주는 분들에게는 세상을 바라보는 시간이자, 하루를 마치면서 듣는 위로와 휴식의 순간일 수 있다는 사실을 늘 잊지 않으려고 한다. 어디선가 보이지 않는 공간에서 나와 방송으로 연결된 한 사람이 있음을 기억하고, 이러한 소중한 연결의 시간 앞에서 내일도 최선을 다하려고 한다. 오늘 방송도 함께해주신 여러분 고맙습니다. 한. 판. 승. 부!

방송 준비의 소소한 즐거움, 특식 먹는 날

〈한판승부〉 같은 저녁 시사 프로그램을 진행하면 대개 저녁 약속을 잡지 못한다. 방송을 마치고 제작진과 방송 후 모니터링과 회의를 하고 일과를 마무리하면 퇴근 시간이 오후 9시 전후가 된다. 따라서 인간관계가 자연스럽게 정리가 된다. 사람과의 관계를 지속하기 위한 약속을 잡기 어렵다는 말이다.

게다가 방송 시작 시간 2시간 전인 4시부터 긴장된 상태로 원고를 보거나 방송 준비를 위해 집중하는 시간을 갖기 때문에 저녁은 간단한 요깃거리로 때우기 마련이다. 주메뉴로는 바나나, 그릭 요거트, 샐러드류의 나름 건강식이면서 간단한 먹거리를 선호한다.

하지만 공휴일이나 명절 연휴에 생방송을 진행하는 날, 혹은 팀에서 특별한 인터뷰가 성사되는 날이면 제작진과 누리는 호사라면 호사가 있다. 서로 격려도 할 겸 평상시에는 먹지 않는 특식을 즐기는데, 그 메뉴는 다름 아닌 고급 수제버거다.

근래에는 방송 후에 회식을 늦게까지 하는 것 또한 제작진들이 선호하지 않기에 두세 달에 한 번 있을까 말까 한 회식 날에는 다 같이 모여 정답게 특식인 수제버거를 먹는 것이다. 방송 전에 수제버거를 먹는 날이면 다들 마음을 내려놓고 콜라와 같은 청량음료도 과감하게(?) 시키면서 다이어트하는 후배들도 나름의 일탈을 누린다.

"선배, 이번에 새로 나온 ○○버거 한번 드셔보실래요? 수제버거는 야채랑 고기가 균형 있게 들어있어서 살 안 쪄요. 그리고 아시죠? 맛있게 먹으면 살 안 찌는 거? 하하하."

막내 PD가 신제품 수제버거도 과감히 먹어보라고 제안도 하면서 깔깔거리며 먹거리를 나누면 금세 시사 프로그램의 긴장과 스트레스도 사라져 버린다.

우리 〈한판승부〉팀의 햄버거를 향한 특별한 사랑은 토요일 격주마다 유튜브용으로만 편성하는 〈정치카풀〉 코너에서도 빛을 발한 적이 있다. 개혁신당 당직자 모임에서 햄버 '먹방'으로 화제를 모았던 천하람 개혁신당 원내대표 인터뷰를 진행할 때 햄버거 '먹방' 인터뷰를 시도한 것이다. 차량에서 주문이 가능한 맥도날드 맥드라이브 지점에 들려서 동승 라이브를 진행했는데, 천하람 의원이 출연했던 〈한판승부〉 방송 중 의원 본인의 만족도가 가장 높았던 방송이 아니었나 싶다. 천하람과의 햄버거 '먹방'도 특식 수제버거를 먹으면서 생각한 아이디어였다.

　이런 소소한 즐거움과 프로그램 기획의 유연함 그리고 상대적으로 젊은 제작진들의 재기 발랄함 속에서 나오는 여유가 5년째 이어지는 〈한판승부〉팀만의 팀워크 에너지가 되고 있다. 언젠가 〈한판승부〉 시청자들과 만나는 공개 방송 이벤트를 진행하게 된다면 '애청자들과 함께하는 햄버거 데이' 이벤트도 상상해본다. 뉴스 제작도, 격렬한 토론도, 궁극적으로 다 잘 먹고 잘살자고 하는 일 아니겠나?

　아참, 천하람 의원의 특별한 햄버거 '먹방' 인터뷰는 〈한판승부〉 유튜브 채널에서 〈정치카풀〉 천하람 의원 편을 검색해보면 확인할 수 있다. 여느 예능 프로그램보다 재밌다고 자부한다. 물론 햄버거를 드시면서 보면 더 재밌을 것이다.

4장

뉴스의 쓸모

언론이 질문을 못 하면
나라가 망한다

"언론이 질문을 못 하면 나라가 망해요."

MBC 최승호 PD가 2017년 영화 〈공범자〉들을 통해 세상에 던진 이 한마디는 언론인은 물론 뉴스 소비자인 국민의 마음을 깊게 흔들었다. 이 다큐멘터리 영화는 2012년 MBC 총파업과 언론인 해고, 정권의 언론 장악, 그리고 해직 언론인의 고통 등 지난 10여 년 동안 우리 사회가 공정 언론 문제를 외면할 때 어떤 일이 일어나는지를 가장 집약적으로 보여준 기록이었다.

제작자인 최승호 PD는 MBC에서 25년간 일하다 부당 해고를 당했고, '그 고통을 스스로 기록하는' 싸움을 멈추지 않았다. 영화 속에서 그는 권력자가 KBS·MBC에 낙하산 사장을 내려보내는 장면을 추적하며 "왜 언론이 질문하지 못하게 재갈을 물리는가?"를 끝없이 묻는다. 그 질문을 통해 비판적 언론의 역할이 무너질 때 민주주의가 어떻게 흔들리는지를 추적한다. 그동안 우리는 급속도로 무너져간 한국 언론 지형과 영화 〈공범자들〉 이후에도 정권의 변화에 따라 공영방송 지배 구조가 회복되었다 다시 무너지고 재건하는 과정을 반복적으로 경험했다.

그 후 우리는 얼마나 변했고 성장했는가?

한국 사회는 또 한 번의 대통령 탄핵을 경험했다. 2022년 5월 윤석열 대통령의 취임 이후 3년, 우리 언론은 그 어느 때보다 강한 압박과 취재 제한, 표적 수사, 그리고 비판 언론인에 대한 고발로 시끄러웠다. 대통령실은 특정 방송사와 기자의 질문을 거부했고, 국경없는기자회가 매년 발표하는 언론자유지수는 윤석열 정부 집권 2년 만인 2024년 기존 40위 대에서 62위로 추락했다.*

---

* 한국의 언론자유지수 순위는 노무현 정부 시절인 2006년 31위까지 올랐지만 박근혜 정부 때였던 2016년 70위로 급락했다. 문재인 정부가 출범한 2017년 63위에서 2018년 43위로 가파르게 상승했고, 2019년엔 41위를 기록하기도 했다. 이후 2020~2021년 42위, 2022년 43위, 2023년 47위로, 2018년 이후 6년간 40위 대를 유지했지만 윤석열 정부 집권 2년 만인 2024년 15계단 하락한 62위로 추락했다.

특히 2022년 '바이든-날리면' 사태에서 보듯, 언론이 외교 참사와 국가적 실언에 대해 제대로 묻지 못할 때 국민은 무엇이 사실인지 알 수 없게 된다. 김건희의 디올 명품백 사건에 대해서도 대한민국 공영방송의 앵커가 2024년 1월 7일 윤석열 대통령과의 특별 대담에서 '자그마한 파우치'라고 조심스레 질문하며 대통령 부부의 심기를 지키려 했던 일은 검찰의 김 여사 출장 조사만큼이나 우리 언론의 부끄러운 역사가 됐다.

윤석열 정부는 이전 정부보다 더 정교하게 언론에 재갈을 물리려고 시도했다. 비판적인 언론 보도에 법정 최고 수위의 제재를 가하고, 정권에 비판적인 언론을 '가짜뉴스'로 몰았다. 〈한판승부〉는 MBC 주요 시사 프로그램과 더불어 방송통신심의위원회의 제재와 경고를 가장 많이 받은 방송이었고,[1] 심지어 윤석열 정부 법무부는 앵커인 내게도 〈한판승부〉가 다뤘던 법무부 관련 방송에 모든 수단을 동원해 대응하겠다는 엄포성 공문도 직접 송달했다.[2] 소위 '입틀막(입을 틀어막는다)'의 시절이었다.

윤석열 전 대통령은 재임 시절 주요 경축사에서 가짜뉴스를 자주 언급하며 철저히 대응하겠다는 입장을 피력했었다. 그러나 계엄과 탄핵 국면을 지나 수사와 재판을 통해 드러나는 윤 전 대통령의 모습을 보면 대통령 본인이 극우 유튜브와 부정선거론을 다룬 가짜뉴스에 가장 많은 영향을 받았고, 그로 인한 부정선거 망령에 빠져 스스로 무너졌다.

윤석열 정부 3년간 언론은 권력을 향해 무엇을 질문했는가? 지난 3년간 우리 언론이 살아 있는 권력을 향해 '입틀막'을 당할지언정 제대로 질문하고 비판했다면, 이른바 내란 세력은 비상계엄을 감히 상상도 하지 못했을 것이고, 우리 국민이 겪어야 했던 집단적 트라우마와 고통을 얼마든지 막을 수 있었을지도 모른다.

2025년 시사IN의 신뢰 매체 순위 조사 결과는 시대의 변화를 보여준다. 가장 신뢰하는 언론 매체 순위는 1위 MBC, 2위 KBS, 3위가 유튜브로 선정됐다. 이어서 4위 TV조선, 5위 JTBC 순이었는데, 기존 레거시 미디어보다 유튜브를 선호한다는 응답이 상당히 많아졌다는 사실을 알 수 있다.

더불어 최근 언론 보도에 대한 징벌적 손해배상제에 관한 여론의 반응은 찬성 의견이 더 많았다. 한국사회여론연구소(KSOI)의 2025년 9월 조사에 따르면 언론의 고의·중과실 허위·조작 보도에 대한 징벌적 손해배상제 도입에 대해 찬성 54.1%, 반대 37.5%였다. 같은 시기 리얼미터 조사에서는 찬성 61.8%, 반대 29.4%로, 찬성 의견이 더 높게 나타났다. 언론의 책임성 강화 필요성에 공감하는 여론이 많은 것이다.

언론 종사자 대부분이 해당 논의에 대해 언론과 표현의 자유 위축을 강하게 우려하고 있다. 하지만 대중은 이미 기존 언론의 역할과 기능에 대해 크게 불신하는 상황이다. 언론의 자유를 보호해야 할 필요성보다 언론이 비판적 보도를 제대로 하고 있는지, 언론이 제대로 기능하고 있는지 우리에게 묻고 있는 셈이다.

나는 징벌적 손해배상제 도입 이후 언론 보도가 위축될 상황과 제도 오용에 대한 우려와 인식에 깊이 공감한다. 하지만 우리 언론은 언론의 자유와 독립성을 외치되, 왜 이런 논의까지 나오게 됐는지 현 미디어 상황을 성찰할 필요는 있다.

레거시 언론 역시 신뢰 회복을 위해 대안과 미래를 만들어가야 할 때다. 언론과 그 안에서 일하는 언론인들은 완전무결한 존재가 아니다. 사내에 공정방송위원회와 같은 기구를 노사 합의로 성실하게 운영한다거나, 언론인들 스스로 상호 미디어 비평의 자리에 나가야 한다. 언론인과 언론사 모두 자신의 오류 가능성을 매 순간 성찰하며 질문을 다듬고 돌아보는 '성찰적 저널리즘'의 태도를 가져야 할 것이다.

반대로 우리 언론이 거침없이 바른 질문을 하지 못하고 침묵할 때, 한국 민주주의는 다시 퇴행할 수밖에 없다. 현재 논의되고 있는 공영방송 지배 구조 개선이 제대로 정착되어 정권의 부침에 따라 KBS, MBC, EBS, YTN 등 방송사가 흔들렸던 구조가 사라져야 한다. 아울러 권력과 자본으로부터 독립된 언론 모델이 더욱 많이 등장하길 기대한다.

요컨대, 질문 없는 언론, 감시 없는 저널리즘, 그 어떤 것도 건강한 민주주의의 조건일 수 없다. 표현의 자유를 지키면서 성찰적 저널리즘을 회복할 때, 국민의 한국 언론에 대한 신뢰와 사랑도 회복되는 선순환 구조가 확립될 것이다.

풀종다리의 노래는
계속돼야 한다

풀종다리라는 곤충이 있다. 백과사전에 따르면 풀종다리는 메뚜기목 귀뚜라미과에 속하는 길이가 1cm 조금 안 되는 곤충이다. 보통 귀뚜라미들은 밤에 우는데 이 풀종다리는 낮에 우는 특징이 있다. 그리고 사는 곳도 보통의 귀뚜라미가 음지나 습한 구석에 머무는 것과는 달리 키가 큰 풀이나 관목에 산다고 한다. 대자연이 잠들어 있는 밤에 소심하게 울기보다 더 많은 사람이 들을 수 있도록 높은 풀에서 주로 낮에 운다고 하니 특별한 구석이 많은 친구다.

이 곤충의 이름을 처음 접한 것은 손석희 선배의 책 제목에서였다. 손 선배는 1993년에 《풀종다리의 노래》라는 책을 펴냈는데, 그 제목은 한 편의 짧은 동화에서 따온 것이라고 한다. 이 동화가 만들어진 데에는 남다른 배경이 있다. 손석희 선배가 MBC 노동조합 파업으로 감옥에 수감되었을 당시, 그의 이야기에 마음으로 연대하던 한 지역 MBC 노조원이 손 선배를 상징하는 우화를 써서 선물로 보냈는데, 그 제목이 바로 《풀종다리의 노래》였다.

동화의 줄거리는 이렇게 펼쳐진다. 풀숲 왕국에는 누구보다 고운 목소리를 지닌 풀종다리 한 마리가 있었다. 어느 날, 이 풀종다리는 풀숲의 왕인 풀무치 대왕의 심기를 거슬렀다는 이유로 감옥에 갇히게 된다. 풀무치 대왕이 풀종다리가 다른 풀벌레들의 사연을 노래로 만들어 불러준 것이 못마땅했기 때문이었다. 풀무치 대왕은 "감히 여기가 어디라고 노래를 맘대로 부르냐"며 고운 목소리를 가졌던 풀종다리를 감옥에 넣어 노래를 못 하게 막아버린다. 그렇게 풀종다리는 노래를 빼앗기고 자유를 잃은 채 깊은 어둠 속에 갇혀 버린다.

제5공화국 시절 방송이 이른바 '땡전 뉴스'라는 오명을 받던 시절이 있었다. 1980년 11월 신군부의 언론 통폐합으로 CBS를 비롯해 많은 언론이 보도 기능을 잃고 어둠의 터널을 지나는 암흑의 시간을 보냈다. 방송 저널리즘은 당시 언론노조의 출범과 파업 그리고 언론인들의 투옥으로 다시 살아났다. '서울의 봄' 이후 민주화의 열망과 에너지는 언론의 자유를 소생시키기 위한 투쟁으로 이어졌고, 1992년 수의를 입은 채 웃고 있는 아나운서 손석희의 모습은 언론노조 투쟁의 상징처럼 남아 있다.

손석희 선배는 미네소타대학교에서 저널리즘 공부를 마치고 귀국한 이후 MBC 라디오 〈손석희의 시선집중〉의 마이크를 잡게 되면서 언론인으로서 새로운 전기를 마련하게 된다. 공격적인 인터뷰와 핵심을 파고드는 진행으로 국민과 동료 언론인의 큰 신뢰를 얻었고, 함께 진행했던 MBC 〈100분 토론〉은 당시 방송 토론의 상징과 같은 프로그램이 되었다.

2025년 시사IN의 대한민국에서 가장 신뢰하는 언론인 조사에서 손석희 앵커는 18%로 여전히 1위를 차지하고 있다. JTBC 사장을 거쳐 사실상 은퇴를 한 것이나 다름없음에도 국민의 사랑과 신뢰는 여전했다. 그러한 신뢰는 MBC 〈질문들〉이라는 프로그램으로 다시 그를 방송으로 불러내었다. 손석희 앵커는 문형배 전 재판관, 봉준호 감독 등을 단독 인터뷰하며 여전히 화제의 중심이 되고 있다.

아나운서 22년 차의 삶을 이어오면서 가끔 "아나운서란 무엇을 하는 사람인가요?"라는 질문을 받을 때면 당혹스러웠다. 이 질문은 10여 년 전 한국아나운서연합회가 주최한 세미나의 주제이기도 했다. 오늘날 AI 시대는 아나운서뿐만 아니라 기자, PD, 기술 엔지니어 등 모든 직군에 정체성과 역할을 다시 규정할 것을 요구하고 있다. 그래서 그때의 질문은 지금도 여전히 유효하다.

아나운서로 재직하면서 직군 정체성과 관련된 질문을 마주할 때 내가 내린 결론은 '정론의 저널리즘을 구현하는 한 축으로서의 아나운서'였고, 이 같은 정의를 가장 성공적으로 살아내는 것이 언론인으로서의 사명이라고 생각했다.

2013년 5월 손석희 선배가 MBC 〈시선집중〉을 하차하고 종합편성 채널인 JTBC의 사장으로 자리를 옮겼다. 당시 손석희의 종편행은 많은 비판의 대상이었다. 종편은 채널 출범 초부터 보수 정부의 정치적 고려로 출범한 채널이라는 문제 제기가 있었다. 조선일보, 중앙일보, 동아일보 세 대표 보수 신문이 종편 채널을 갖게 된 것 자체가 우리 방송 지형을 기울어진 운동장으로 만들어 언론 지형을 왜곡할 것이라는 우려가 많았다.

그래서 당시 야당인 민주당 등은 종편 출범 초기에 당내에 '종편 출연 금지' 조치를 내놓기도 했었고, 언론노조도 수차례 미디어법 관련 투쟁을 진행했다. 그래서 손석희의 종편행은 다소 의외 혹은 충격이라는 평가가 많았다. 손석희 선배는 JTBC로 떠나기 전 〈시선집중〉 마지막 방송에서 자신의 종편행에 대한 비판을 의식한 듯 이렇게 말했다.

"제 선택에는 많은 반론도 있는 것으로 알고 있습니다. 그러나 제 나름대로 고민해왔던 것을 풀어나갈 수 있는 자그마한 여지라도 남겨주시면 진심으로 감사하겠습니다."

나는 언론인 손석희가 JTBC에 가서도 그 신뢰를 잃지 않았으면 했다. 또 이미 현실이 된 종합편성 채널들이 출범 이후 우리 방송계의 한 축으로서 정론의 길을 함께 걷게 되기를 바랐다. 그렇기에 이 두 소망을 담은 논지의 칼럼을 2013년 6월 한국아나운서연합회가 발간하는 아나운서 저널에 〈그 많던 풀 종다리들은 다 어디 갔을까?〉라는 제목으로 기고하기도 했다. 4개의 종합편성 채널이 출범한 새로운 언론 환경 속에서 국민의 깊은 신뢰를 받아온 언론인 손석희의 역할에 대한 바람과 기대가 컸던 것이다.

그러한 나의 바람은 2016년 박근혜 정부 최순실 국정농단의 진실을 알리는 데 선두에 섰던 손석희의 JTBC 〈뉴스룸〉의 활약으로 확인되었다. 신뢰, 공정, 품위라는 세 가지 키워드, 그리고 세월호 보도 '어젠다 키핑(의제 지키기)'*이라는 정론 보도의 새로운 전형을 제시함으로써 JTBC는 뉴스에 대한 국민의 기대와 신뢰의 지평을 높이는 데 큰 역할을 했다. 전통 미디어의 시대가 저물고 뉴미디어가 중심이 된 시대라지만, JTBC

---

* 언론의 전통적인 기능 중 하나는 '의제 설정'을 뜻하는 '어젠다 세팅(agenda setting)'이다. 어젠다 세팅은 공론화가 되어 토론할 필요가 있는 사회적 이슈에 카메라와 마이크를 갖다 대는 행위를 뜻한다. 어젠다 키핑은 그러한 이슈에 카메라와 마이크를 갖다 대는 시간을 '오랫동안 지속하는' 행위를 일컫는다.

뉴스는 전 국민을 다시 TV 뉴스 앞에 모이게 했고, 뉴미디어와 조화를 이루며 방송 뉴스의 새로운 화법을 만들어냈다. 앞으로도 JTBC 뉴스가 국민의 신뢰 속에 오래도록 사랑받는 채널로 자리매김하길 바란다.

한국 민주주의와 그와 함께했던 언론의 역사를 돌이켜 보면 언론에 재갈 물리기를 시도하거나 위축시켰던 '풀무치 대왕'들은 시대마다 반복적으로 등장해왔다. 정권이 바뀔 때마다 '방송 개혁'이라는 이름 아래 언론 탄압이 되풀이된 것도 사실이다. 윤석열 정부하에서도 CBS, MBC의 시사 프로그램들이 방심위의 주요 제재 대상이 되었고, 〈한판승부〉역시 그 한가운데 있었다. 방심위는 프로그램 관련자 징계를 권고했고, 법무부에서는 앵커인 나에게 "모든 수단을 동원해 대응하겠다"는 내용의 공문을 직접 보내온 바 있다. 정부나 정치권이 듣기에 편안한 방송은 아니었던 셈이다.

그 후 주지하듯 12·3 내란 사태가 발생했고, 방송에 제재를 남발하거나 재갈을 물렸던 그 정부는 몰락했다. 법원은 지난 윤석열 정부 방통위에서 〈한판승부〉가 받았던 관계자 징계 등 법적 제제에 대해 취소 결정을 내린 바 있다.[3] 이재명 정부가 출범한 이후 방송통신위원회는 17년 만에 방송미디어통신위원회로 정부 조직이 개편되었고 KBS, MBC, EBS 등 공영방송 지배 구조 개선을 위한 법도 통과되었다. 이제는 대한민국 공영방송 KBS가 영국 BBC의 위상처럼 정론 보도의 상징이 되어 정권의 변화와 상관없이 안정적인 공영방송의 모습을 보여 줄 수 있기를 기대한다.

정권이 바뀔 때마다 풀무치 대왕들은 모습만 달리해 다시 등장해왔다. 그때마다 한국 언론계의 풀종다리들은 단결하며 더욱 크게 울었다. 그 울음소리가 힘이 없고 때로는 부족하게 들렸을지라도, 우리가 함께 사는 풀숲을 지키는 소리로서 순기능을 해왔다. 정론 보도와 권력 비판의 목소리를 상징하는 풀종다리의 노래는 계속되어야 한다. 그리고 더욱 날카로워지길 기대한다. 진짜 언론, 참 언론인에 대한 이 시대의 결핍은 여전하기 때문이다. 이전보다 더욱.

진실의 저편에는
무엇이 있을까?

 눈에 보이는 것이 전부는 아니다. 그럼에도 불구하고 우리는 너무나 쉽게 눈에 보이는 대로 판단한다. 유튜브 알고리즘에 따라 콘텐츠를 소비하고, 미디어 플랫폼에 자주 노출되어 반복적으로 듣게 되는 것을 곧바로 진실이라 여긴다.

 알려진 바에 따르면, 윤석열 전 대통령은 유튜브 알고리즘에 중독된 나머지 부정선거론과 관련한 선관위의 점검 결과와 국정원 보고서 등 국가기관이 제공하는 정보를 믿지 않고 오히려 부정선거론을 퍼뜨리는 유튜브 콘텐츠를 더 신뢰한 것으로 전해졌다. 구글 출신 IT 전문가인 이해민 조국혁신당 의원의 분석에 따르면, 윤석열 대통령의 담화에 등장하는 "나라를 망치려는 반국가 세력", "데이터 조작" 등의 표현은 "극우 유튜버 채널에서 자주 등장하는 말들"이라며, 윤석열 대통령이 부정선거 의혹을 제기한 이유가 일부 극우 유튜버들 주장에 동조해 확증편향에 빠졌기 때문이라고 분석했다.[4]

정보를 비판적으로 소비하지 않을 때 우리의 판단은 언제나 잘못된 길로 빠질 수 있다. 특히 미디어에 의해 한두 문장으로 압축된 이야기는 사람들의 분노와 감정을 폭발적으로 끌어내기도 한다. 2017년 여름, 세상을 들끓게 했던 '240번 버스 사건'은 이러한 우리 사회의 단면을 극명하게 보여준다. 사건은 한 엄마의 절규를 담은 목격담이 SNS와 언론을 통해 퍼져나가면서 시작되었다.

목격담에 따르면, 서울 240번 버스에서 어린아이 혼자만 먼저 내린 것을 확인하고 뒷문을 열어달라고 요구한 엄마의 요청을 버스 기사가 무시했다는 내용이었다.[5] 이야기는 순식간에 퍼져나갔고, "어린아이가 혼자 내린 상황에서 아이 엄마는 아직 내리지도 않았는데 버스 기사가 문을 그냥 닫고 출발하다니 살인자와 다를 게 없다"라며 대중은 버스 기사를 향해 맹렬한 비난을 쏟아냈다. 버스 기사의 신상이 공개되었고, 그의 가족까지 고통을 받았다.

그러나 며칠 뒤 공개된 버스 내부 CCTV 영상과 버스 기사 딸의 해명문이 모든 것을 뒤집었다.[6] 아이는 당초 알려진 것보다 나이가 많은 7세였고, 300미터도 안 되는 거리에 있는 다음 정거장에서 곧바로 엄마와 만날 수 있었다. 당시 버스 기사는 엄마가 단순히 이전 정류장에서 내리지 못해 내려달라고 한 줄 알았고, 정류장이 아닌 도로 한가운데에서 내려주기는 위험해 다음 정류장에 내려준 것이었다. 정류장이 아닌 도로에서 승객을 내려주었다가 사고가 발생할 경우 해당 버스 기사가 모든 사고의 책임을 져야 한다. 그러자 여론은 버스 기사를 향한 동정과 아이 엄마를 향한 비난으로 바뀌었다.

 이 사건은 우리에게 중요한 교훈을 남겼다. 우리는 왜 단편적인 정보만으로 그토록 쉽게 분노할까? 왜 자기만의 확신에 빠져 또 다른 진실이 존재할 수 있다는 가능성을 보지 못할까?

 칼 포퍼가 통찰한 지성인의 전제는 내가 틀릴 수도 있다는 '오류 가능성(The possibility of being wrong)'에 대한 인정이다. 칼 포퍼는 과학의 발전은 '검증'이 아닌 '반증' 혹은 '오류를 찾아내는 과정'에서 이뤄진다는 점을 강조했다. 내 눈에 보이는 것이 전부는 아닐 수 있다는 합리적인 의심이야말로 진실에 다가가는 첫걸음이다. '240번 버스 사건'은 언론이 한쪽의 이야기만을 전할 때, 그리고 대중이 그 이야기를 맹목적으로 받아들일 때 얼마나 큰 오해가 발생할 수 있는지를 생생하게 보여준 사례다.

 우리 사회 내에 점차 진영 갈등과 극단의 정치 구도가 확대 재생산되면서 어느덧 우리 마음에는 '확증편향(Confirmation Bias)'과 '적대적 미디어 인식(Hostile Media Effect)'이라는 두 개의 필터가 자리 잡게 되었다. 우리 모두의 마음속에는 이러한 필터를 바탕으로 한 일종의 '프레임'이 존재한다. 이 프레임에 따라 우리는 세상의 정보를 어떻게 받아들이고 해석할지 결정한다. 이 프레임은 종종 우리를 편안하게 하지만, 동시에 진실을 알 수 없도록 가리는 장벽이 되기도 한다.

'확증편향'은 자신이 이미 가지고 있는 신념이나 주장을 강화하는 정보만을 선택적으로 받아들이는 심리적 경향이다. 정치적 성향을 예로 들어보자. 진보 성향인 사람은 진보 언론이나 진보 유튜브 채널의 뉴스를 맹신하고, 보수 성향인 사람은 보수 언론이나 보수 유튜브 채널의 뉴스를 사실로 여긴다. 그리고 자신의 신념과 반대되는 정보는 무시하거나 비합리적이라고 치부한다. 이로 인해 우리는 점점 더 자기 생각에 갇히게 되고, 다양한 관점을 수용할 수 있는 능력을 잃어간다.

21대 대선이 끝난 후 주간경향의 〈공장장 가라사대-팬덤 권력〉(1645호, 2025년 9월 15일 자) 보도는 파장이 컸다. 진보 진영 내 김어준 유튜브의 팬덤 권력화 현상을 여러 갈래로 나눠 분석한 이 기사를 두고 레거시 미디어의 열등감이라는 공격도 있었고, 현실을 제대로 분석한 적절한 지적이라는 공감도 있었다. 여기에 더해 민주당의 곽상언 의원은 〈김어준의 겸손은 힘들다 뉴스공장〉의 영향력을 거론하면서 이와 같은 매체와 콘텐츠의 등장은 진영 갈등을 강화하고 건강한 여론 형성의 공간을 좁힌다고 비판했다.

이와 반대로 보수 진영 역시 전한길, 고성국 등의 강성 유튜버들이 조기 대선 후 치러진 전당대회 전에 최고위원, 당대표 후보자 등을 출연시키며 영향력을 행사한 후, 2026년 지방선거를 앞두고 국민의힘에 내년 지방선거 단체장 30석을 양보하라고 요구했다. 고성국은 〈고성국 TV〉에서 "자유통일당·자유민주당·우리공화당·자유와혁신당 4개 자유우파 정당이 전부 다 후보를 내면 국민의힘이 못 이긴다"며 "대구·경북·부산·울산·경남 5개 광역에서 여섯 자리씩 양보하라"고 말했다. 심지어 〈전한길TV〉의 전한길은 "나를 품는 자가 대통령도 시장도 국회의원도 될 수 있다"고 발언해 보수 진영 내에서도 많은 논쟁을 일으켰다.

유튜브가 시사 뉴스 유통의 핵심 플랫폼으로 자리 잡은 후, 소비자들의 취향을 분석해 콘텐츠를 추천하는 알고리즘은 이러한 진영별 확증편향의 내적 기제를 더욱 강화하고 있다. 그리고 이런 환경은 정치적인 진영 갈등을 확대 재생산하면서 이제는 진영 유튜버를 권력화하는 길로 이끌고 있다.

아울러 대중의 인식 속에 영향력을 확대하고 있는 '적대적 미디어 인식'은 자신이 지지하는 쪽의 주장을 다룬 기사는 객관적이라 믿고, 반대쪽의 주장을 다룬 기사는 편향적이라고 적극적으로 인식하는 현상을 말한다. 다시 말해 진보 진영에서는 '조선일보가 조선일보했다'는 식의 반응, 보수 진영에서는 '한겨레가 한겨레했다'식의 반응을 보이는 것으로 자신이 싫어하는 매체가 전달하는 내용에 대해서는 사실관계 파악에 대한 노력조차 하려 하지 않는 것이다.

이 두 가지 편향은 우리 사회의 '에코 챔버 효과(Echo Chamber Effect)'를 강화하고 있다. 즉 사람들로 하여금 자신과 비슷한 사람들의 의견만을 듣고 소비하며 각자의 신념을 강화하는 공간 속으로 몰아가면서 진영 간의 극단적인 대립을 심화시키고 있다. 진실을 찾는 일은 더 이상 중요하지 않게 된 것이다. 이제 우리는 이러한 마음속 프레임을 인지하고, 과감히 벗어던지는 연습이 필요하다.

진실의 저편에는 무엇이 존재하는가? 또 다른 진실이 존재할 수 있다. 자신의 생각이 틀릴 수도 있다는 겸허한 자세야말로 건전한 토론과 소통을 가능하게 하는 출발점이 될 것이다.

뉴스 리터러시, 알고리즘은 진실이 아니다

"우리 이제 공산국가 되는 건가요?"

한 지인이 심각한 얼굴로 다가와 내게 물은 적이 있었다. 아마도 뉴스를 다루는 직업을 가진 사람이니 그나마 객관적인 사실을 내가 알고 있을 것이라 생각해서 물었을 것이다. 그래서 그렇게 생각하는 이유를 물어보았는데 자신이 즐겨보는 유튜브에서 우리나라 정치의 미래에 대해 그렇게 이야기했다는 것이었다. 그럴 일은 전혀 없으니 걱정하지 마시고 일상생활을 잘하시라고 답했다.

이 글을 쓰기 얼마 전 만난 또 다른 지인은 식사 자리에서 중국인 관련 뉴스의 진위를 물었다.

"중국 사람이 이번에 진짜 많이 불법으로 들어왔대요. 큰일 아닌가요?"

대전 국가정보자원관리원 화재로 국가 전산망이 마비된 이후 각종 괴담이 퍼졌다. 그중 하나가 중국인들이 대거 무비자 입국으로 한국에 들어와서 나라에 혼란을 일으키려 한다는 것이었다. 혐중 정서와 맞물려 가짜뉴스가 심각하게 확산된 것이다. 지인에게 어디서 그 얘기를 들었냐고 물으니 SNS 릴스에서 반복적으로 봤다는 것이었다. 관련 이야기를 하는 분들 대부분이 멀쩡하게 사회생활을 잘하고 있는 분들이었기에 이들이 가짜뉴스에 경도된 상황을 보며 적지 않게 당황한 적이 있다.

단언컨대, 유튜브와 SNS 알고리즘은 진실을 말하지 않는다. 그렇다면 우리는 이러한 정보의 홍수 속에서 어떻게 길을 잃지 않고, 현명한 시민이 될 수 있을까? 그 해답은 '뉴스 리터러시(News Literacy)'에 있다. 리터러시는 '읽고 쓰는 능력'을 말하는 것으로 정보나 뉴스를 있는 그대로 받아들이는 수동적 소비자가 아니라, 비판적으로 읽고 판단하는 능동적 주체가 되는 능력을 의미한다. 건강한 '뉴스 리터러시'를 함양하기 위해서는 세 가지 방법을 추천하고 싶다.

첫째, '뉴스의 온도'를 비교(comparison)하라. 하나의 사건에 대한 여러 언론사의 보도를 비교하는 습관을 들여야 한다. 각 신문의 1면 헤드라인을 살펴보는 것만으로도 '뉴스의 온도'를 비교할 수 있다. 혹은 방송사 메인 뉴스의 첫 번째 아이템을 다루는 앵커의 멘트 차이만으로도 '뉴스의 온도'를 느낄 수 있다. 각 매체는 어떤 부분을 강조하고 있는지, 어떤 용어를 사용하고 있는지, 기사의 톤은 어떤지 등을 비교하면 사건의 전체적인 맥락과 언론사들의 숨은 의도를 파악하는 데 도움이 된다. 이러한 비교 작업을 위해서는 평상시에 주요 판단의 근거로 삼고 싶은 언론사나 방송사 프로그램을 하나 선정하고, 그 방송 내용을 기준으로 다른 방송이나 언론에서는 해당 사건을 어떻게 다루는지 비교하는 작업을 확장해나간다면 좀 더 균형 잡힌 나만의 시각을 가질 수 있을 것이다.

둘째, '뉴스의 근거'에 대해 비판(critique)적인 눈을 가지자. 뉴스를 읽을 때 항상 '왜?'라는 질문을 던져야 한다. 이 기사는 어떤 의도를 가지고 작성되었는가? 이 기사와 정보의 출처는 믿을 만한가? 취재 정보원의 실명을 밝혔는가? 아니면 '핵심 관계자', '관계자' 정도로 순화해서 작성된 기사인가? 사건 당사자의 목소리를 담은 기사인가 아니면 전문가의 평가나 제3자의 전언을 담은 것인가? 뉴스의 근거와 정보의 출처를 눈여겨보면 뉴스의 가치를 좀 더 쉽게 감별할 수 있다. 기사에서 중요하게 다루지 않는 다른 측면은 없는가? 한쪽의 입장만을 담은 것은 아닌가? 이러한 비판적 사고는 가짜뉴스와 편향

된 정보로부터 스스로를 보호할 수 있는 방패가 된다.

셋째, 뉴스에 대한 생각과 의견을 공유(share)하자. 주요 사안에 대해서 혼자만의 비판적 사고에 머물지 않고, 다른 사람들과 의견을 나누고 토론하는 것이 중요하다. 다양한 배경과 관점을 가진 사람들과의 대화는 나의 시야를 넓히고, 내가 미처 생각하지 못했던 부분을 발견하게 해준다. 이러한 공유의 과정은 건전한 공론장을 만들고, 우리 사회가 더욱 합리적으로 발전할 수 있는 기반을 마련할 것이다.

2017년 대한민국을 떠들썩하게 했던 한인 유학생이 있었다. 이 학생이 하버드대학교와 스탠퍼드대학교에 동시 합격했고, 두 학교를 동시에 다니며 두 개의 졸업장을 받을 수 있게 됐다는 소식은 한국 사회를 놀라게 했다. 연합뉴스는 물론, 주요 방송사들이 메인 뉴스로 이 학생의 소식을 전했다.

그러나 며칠 후, 해당 뉴스를 마주한 미국 한인 사회 커뮤니티에서 그 소식에 대한 반론을 제기했다. 뉴스 보도 이후 미국 내 한인들은 '그럴 리가 없다'고 반응했다. 미국 대학에는 그런 프로그램이 존재하지 않기에 사실이 아닐 것이라는 문제 제기였다. 돌이켜 보면 해당 기사에는 하버드나 스탠퍼드 등 해당 대학교를 통해 확인한 내용은 없었고 학생 측의 일방적인 주장만 담겨 있었다. 한인 커뮤니티에서 불거진 문제 제기로 해당 기사에 대한 제대로 된 검증이 다시 시작됐다.

해당 소식을 전했던 언론사들은 당황했다. CBS 방송 제작진들도 진상을 알기 위해 하버드와 스탠퍼드 측에 관련 사항에 대한 문의를 진행했고, 결국 그 합격 사실이 거짓으로 밝혀지면서 정정 방송과 사과 멘트를 해야 했다. 이 사건은 나에게 '올바른 보도란 무엇인가?'라는 근본적인 질문을 던지며 사실 앞에 더욱 겸손하게 만들었다. 그리고 뉴미디어 시대의 뉴스란 언론사의 일방적인 전달이 아니며 팩트는 뉴스를 비판적으로 소비하는 시청자와 쌍방향 소통의 과정에서도 찾을 수 있다는 것도 배웠다.

르 몽드나 뉴욕타임스 같은 세계적인 정론지들이 독자들의 깊은 신뢰를 받기까지는 해당 언론사들이 사실 확인에 목숨을 걸어왔고, 기사의 오류에 대해 겸허히 사과하고 기꺼이 수정하는 모습을 보여왔기 때문이다. 이들은 어떻게 진실만을 추구하는 정론 보도의 전통을 갖게 되었을까? 그 뒤에는 뉴스를 비판적으로 읽고 판단하는 능력을 지닌 현명한 독자들이 존재했기 때문이다.

유튜브와 SNS의 영향력이 확장되면서 뉴스 콘텐츠마저도 파민 분비를 촉진하는 사회가 되었다. 그러나 이런 미디어 소비 흐름 속에서도 알고리즘에 휘둘리지 않고 비판적으로 뉴스를 소비하는 대중이 많아질수록, 레거시 언론은 정론 보도에 더욱 힘쓸 수밖에 없을 것이다. 동시에 가짜뉴스를 양산하며 연명하는 유튜버를 위한 공간은 점점 사라지게 될 것이다.

"알고리즘이 제공하는 정보는 진실이 아닐 수 있다."

이 명제는 결코 과장이 아니다. 우리가 맹목적으로 믿었던 많은 것들이 사실은 누군가의 의도와 편향에 의해 만들어진 것들일 수 있다. 진실은 편안함 속에 있지 않다. 때로는 의심하고, 질문하고, 의견을 공유할 때 우리는 좀 더 균형 있고 건강한 '뉴스 리터러시'의 세계에 들어설 수 있을 것이다.

내려놓음,
그 후의 자유로움

코난 오브라이언이라는 미국 토크쇼 진행자가 있다. 하버드대 출신으로 방송 작가로 시작해 최고의 토크쇼 진행자 반열에 오른 사람이다. 내가 그를 좋아하는 이유는 무엇보다 그의 유머에 있다. 대부분의 미국식 유머는 미국적인 상황과 맥락을 모르면 이해하지 못하는 경우가 많은데, 코난의 경우는 외국인도 공감할 만한 개그를 구사해서 이해하기 쉽다. 둘째로 그의 인생 스토리와 진행자로서 다시 일어서게 된 서사가 내게 정말 큰 공감을 주었기 때문이다. 방송인의 꿈을 이루기 위한 과정에서 넘어지고 실패했지만 자신만의 길을 찾아내 끝내 재기한 모습이 내게 큰 힘과 위로를 주었다.

코난 오브라이언은 미국 대학교의 졸업 연설자로도 매우 유명했다. 그의 이야기가 젊은이들에게 주목받은 것은 단순한 성공담이 아닌 실패 이후 자기 자신을 찾아가는 과정이 사람들에게 감동을 주었기 때문이다.

내 방송 생활 22년도 돌이켜 보면 잘해야 한다는 생각에 사로잡혔을 때 방송을 통해 느끼는 행복감과 성취감이 현저하게 줄었다. 아나운서라는 직종은 단신 뉴스와 같은 일상적인 업무 외에 MC가 되어 특정 프로그램을 진행해야 한다. 보통 프로그램 MC가 될 때는 PD나 편성 책임 데스크들에 의해 담당 아나운서가 배당되기 때문에 낮은 연차에서부터 실력을 증명해야 하는 압박감에 시달린다. 나 역시 커리어 내내 그런 생각에서 벗어날 수 없었기에 늘 잘해야 한다는 강박에 사로잡혀 있었다.

지나고 보니 그러한 의욕이 오히려 내 방송과 인터뷰를 부자연스럽게 만들고 나의 마음을 더 힘들게 했다. 2021년 6월 노조위원장 임기를 마치고 방송 현장에 돌아오니 감도 떨어지고 자신감도 고갈된 상태였다. 그래서 〈한판승부〉를 시작할 때 어느 정도 마음을 편하게 먹은 상태였다. 지금까지 많은 프로그램을 시작하고, 인정받고, 개편도 되면서 20년을 쉼 없이 달려왔는데 잃을 것은 없었다. 내게 주어진 하루에 최선을 다하면 그것으로 충분했다. 그리고 함께하는 제작진과 패널들이 훌

륭하니 나의 부족함 정도는 충분히 가려질 것이라는 근거 없는 낙관을 가지고 프로그램에 임했다. 그러자 내 몸에 경직된 힘이 빠지고 더 자연스럽게 방송할 수 있었다.

코난 오브라이언의 졸업 연설과 그의 삶에 주목한 이유도 이러한 '내려놓음'에 있었다. 코난 역시 NBC에서 해고된 후 자신을 내려놓고 그 이후에 선물같이 다가온 자유로움이 주는 여유와 행복감에 집중했다. 고난을 겪은 후 얻게 된 좀 더 성숙해진 마음가짐에 주목한 것이다.

코난은 2011년 다트머스대학교 졸업식 연설에서 자신이 NBC의 〈투나잇 쇼〉에서 하차하면서 겪은 논란의 사건을 담담히 풀어내며 많은 사람에게 감동을 주었다. 2009년 미국 방송계 진행자들의 궁극적인 목표는 〈투나잇 쇼〉의 진행자가 되는 것이었다. 그 자리에 오르는 것이 성공의 종착지라고 여긴 사람들이 많았다. 코난은 각고의 노력 끝에 마침내 〈투나잇 쇼〉 진행자의 꿈을 이루게 되었는데, 7개월 만에 석연치 않은 과정을 거쳐 경쟁자였던 제이 레노에게 자리를 내주고 하차해야 했다. 이 일은 코난의 경력에 큰 타격이었지만, 그는 이 실패 경험을 다트머스대학교 졸업식 연설에서 다른 관점에서 이야기한다.

코난은 7개월 만에 〈투나잇 쇼〉에서 하차하며 자신의 꿈을 완전히 성취하지는 못했지만, 그 후 여행을 하면서 자신이 누구인가라는 근본적인 질문을 마주했다고 한다. 그리고 그 여행의 끝에 자신만의 독창성을 발견하며 〈투나잇 쇼〉 데이비드 레터맨의 후계자가 아닌 진짜 코난의 방송을 시작하게 됐다고 말했다.

일생의 꿈 앞에 거의 다가갔을 무렵 NBC에서 해고를 당하면서 깨닫게 된 것은 꿈을 성취하는 방향은 하나가 아니라는 것, 그 과정에서 언제나 인생의 목표는 변할 수 있다는 것, 그리고 원래 목표에 도달하지 못해도 새로운 꿈이 더 멋지게 빛날 수 있다는 것을 깨달았다고 한다. 코난 오브라이언은 〈투나잇 쇼〉 종영 인사에서 이렇게 말했다.

"인생을 결코 냉소적으로 살지 마세요. 시니컬한 태도는 정말 아무 쓸모가 없습니다. 인생에서 자기가 가질 것이라고 예상한 것을 전부 다 가진 사람은 없습니다. 열심히 최선을 다해 일하세요. 그리고 다른 사람에게 친절하세요. 그럼 정말 멋진 일이 일어날 겁니다. 제 말을 믿으세요. 정말입니다."

'최선을 다해 일하고 친절하게 사는 것', 내 마음을 가득히 채웠던 문장이었다. 노조 전임자 생활을 마치고 감사하게도 〈한판승부〉를 만난 이후, 나만이 할 수 있다고 생각했던 것은 대한민국 최고 진행자로 인정받는 앵커들의 날카로운 질문도, 촌철살인의 멘트도 아니었다. 진정성 있게 열심히 듣는 사람이 되기, 그리고 다시 인터뷰하고 싶은 친절한 진행자가 되는 것이었다. 이러한 친절한 자세를 실천하기 위해 항상 웃는 얼굴로 인터뷰이를 만나기 위해 노력했다. 인터뷰 게스트들이 스튜디오에 들어올 때 의자에서 일어나 문 앞에서 적극적으로 환대하고, 인터뷰 후 스튜디오를 떠날 때는 기분 좋게 보내드리고자 노력했다. 사실 처음부터 이러한 태도를 의식한 것 아니었다. 그저 하루하루 진행하다 보니 〈한판승부〉만의 색깔이 되어 있었다. 〈한판승부〉 진행 2년 차가 됐을 무렵 한 국회의원이 스튜디오에 들어오면서 인사를 건네며 말했다.

"항상 이렇게 일어서서 맞아 주세요? 〈한판승부〉는 올 때마다 기분이 좋습니다."

진행자로서 내가 꿈꾸었던 것이 지금의 모습은 아니었다. CBS에 입사하고 시사 프로그램 진행자로 인정받고 싶었고 내 방송이 세상에 널리 알려지길 바랐다. 하지만 현실은 전혀 그렇지 않았다. 오히려 진행을 너무 못한다는 악성 댓글 세례를 받기도 했고, 사내 평가가 그리 좋지 않았던 경우도 있었다. 나는 손석희처럼 될 수도 없었고 정관용같이 진행할 수도 없었다. 하지만 내 마음속 롤모델처럼 되지 못했기 때문에 나는 오히려 새로운 경험과 또 다른 선물 같은 시간을 만날 수 있었다.

버티면서 살아왔더니 어느덧 중견 언론인이 되어 있었다. 나만의 개성과 독특함을 조금씩 발견하고 드러내면서 더욱 자유로워지고 있다. 혹여 자신의 간절한 목표나 꿈에 도달하지 못해 낙심하는 분이 있다면 자신만의 새로운 길을 최선을 다해서 개척하고, 그 과정에서 새로운 나를 만나는 그 자유의 세계에 부디 도달할 수 있기를 응원하고 싶다. 내일 아침부터 시작될 또 하나의 하루는 우리에게 시간이라는 자유와 가능성을 선물하기 때문이다.

듣는 마음을 주소서

좋은 질문을 하기 위해서는 먼저 잘 들어야 한다. 앵커의 날카로운 질문은 대개 두 번째나 세 번째 질문에서 나오기 마련인데, 그 질문은 첫 번째 질문에 대한 상대의 대답을 잘 들은 후 나온 후속 질문인 경우가 대부분이다. 그런 의미에서 좋은 진행자는 질문보다는 듣기에 더 집중력을 발휘하는 사람이다.

성경에 보면 솔로몬이 천일 기도를 마치고 하나님과 대화를 나누는 장면이 나온다. 솔로몬이 천일기도를 마치던 날 밤, 하나님은 그의 꿈에 나타나 "내가 너에게 무엇을 해주면 좋겠느냐?"라고 묻는다.

모든 전쟁에서 승리한 아버지 다윗에 이어 왕위를 튼튼하게 이어가고 싶은 아들 솔로몬은 하나님에게 무엇을 달라고 답했을까? 성경 기록에 따르면 놀랍게도 솔로몬은 하나님에게 백성을 다스릴 지혜와 지식을 구한다. 왕으로서 앞으로 해나가야 할 일을 고려할 때 가장 필요한 것이 지혜와 지식이라고 생각한 것이다. 성경에는 이러한 솔로몬의 간구를 하나님이 기뻐하고 지혜와 지식은 물론 나라를 다스리는 데 필요한 모든 자원도 풍족하게 더해 주었다고 기록하고 있다.

그런데, 구약성경 역대하 1장 10절에 '지혜와 지식'이라고 표현된 구절이 열왕기상 3장 9절에는 같은 사건을 두고 '듣는 마음(understanding heart)'이라는 표현으로 달리 기록되어 있다. "누가 주의 이 많은 백성을 재판할 수 있사오리이까. 듣는 마음을 종에게 주사 주의 백성을 재판하여 선악을 분별하게 하옵소서."

솔로몬이 왕으로서 구한 '지식과 지혜'는 결국 '듣는 마음'이었다는 의미다. 이 '듣는 마음'을 가졌던 솔로몬은 이후 왕으로서 그 유명한 "아이를 반으로 잘라서 가져가라"는 최고의 판결을 내리며 동서고금을 막론하고 지혜로운 판단의 상징이 된다. 한 아기를 놓고 서로 자신의 아기라고 목숨을 걸고 왕 앞에서 주장하는 두 여인의 말 속에서 진실을 꿰뚫은 지혜는 바로 '듣는 마음'에서 기인한 것이었다.

다산 정약용의 《목민심서》에는 법률가들이 많이 인용하는 '청송지본(聽訟之本) 재어성의(在於誠意)'라는 유명한 구절이 있다. '송사를 처리하는 근본은 당사자의 말을 성의 있게 듣는 데 있다'는 의미로 백성들의 송사를 판관으로서 들을 때에는 정성을 다해 들어야 한다는 것을 강조한 내용이다. 그냥 듣는 게 아니라 정성 들여서 들어야 한다고 이야기한 것은 듣는 행위 자체가 본질적으로 많은 노력과 의지가 필요한 일이라는 의미다.

내가 CBS에서 누린 행운 중 하나는 당대 최고의 진행자들을 곁에서 지켜보고 배울 수 있었다는 점이다. 그중에서도 단연 최고는 토론 진행의 1인자로 손꼽을 만한 정관용 교수였다. 정관용 교수는 〈한판승부〉 이전에 CBS 정통 시사 프로그램의 상징과도 같았던 〈시사자키 정관용입니다〉의 진행자로 11년을 활약했는데, 그는 출연자의 말을 먼저 정성을 다해 듣고, 이를 바탕으로 모든 상황과 주제의 내용을 정확히 요약하고 정리해내는 탁월한 능력을 갖고 있었다.

살면서 가장 당황스러웠을 때는 상대가 내 말을 듣기도 전에 이미 표정으로 거부감을 표시하며 대화의 공간에서 상대를 밀어내는 사람을 만났을 때였다. 이러한 상황에 처할 때면 우리는 어디까지 스스로를 낮추고, 어디까지 서로에게 정성을 다해야 하는 걸까 하고 고민하게 된다. 듣기의 중요성을 지식으로, 마음으로 체득했지만 막상 삶에서 정성스럽게 남의 말을 듣기가 결코 쉽지만은 않다. 일생 동안 스스로를 돌아보며 매일 단련하는 과정이 필요한 이유다.

그만큼 어려운 행동이기에 성경 속 솔로몬의 간구는 오늘도 귀하게 다가온다. 본래 인간은 다른 사람을 포용하고 먼저 겸손하게 상대의 주장을 들을 수 없는 존재다. 그렇기에 끊임없이 스스로를 낮추며 타자의 말을 겸허히 들을 수 있는 용기, 즉 '듣는 마음'을 가질 수 있기를 바라는 것이야말로 최고의 지혜다. 그런 의미에서 매일 다른 사람의 말을 들어야 하는 진행자의 역할은 매일 지혜로 가는 길목에 서 있는 귀한 자리인 것이다.

언젠가 딸아이와 대화를 하고 있는데 무심코 휴대전화를 보며 대답한 적이 있다. 그 모습을 바라보던 딸이 물었다.

"아빠, 내 말 제대로 들은 것 맞아?"

아, 그 순간 듣는 것에 정성을 기울이지 못한 것을 깨닫고 진심으로 사과했던 기억이 있다. 정성스럽게 듣는 노력 안에 삶의 소통이 있고 성장이 있다. 경청이란 곧 '지혜로의 초대'를 의미한다. 그래서 늘 내 안에 복잡한 상념들을 내려놓고 간구하고 싶은 한마디는 이것이다.

"제게도 듣는 마음을 주옵소서."

진영을 넘어 질문으로

"그 답변엔 동의할 수 없습니다."

윤석열 전 대통령의 비상계엄 선포 이후 헌법재판소의 탄핵 인용 결정 과정을 거치면서 시사 프로그램 진행자로서 초대한 게스트의 발언을 제지해야겠다고 판단하는 경우는 한 가지였다. 윤석열 전 대통령의 비상계엄을 옹호하거나 '오죽하면 계엄을 했겠나'라는 식의 주장이 나올 때였다.

조기 대선 이후 야당의 한 최고위원이 〈한판승부〉에 출연해 계엄 옹호 발언을 한 적이 있었다. 이때 굉장히 이례적으로 〈한판승부〉 생방송 중에 진행자로서 출연자의 발언을 제지하고 다른 주제로 넘어갔다. 이미 최고 권위 사법기관인 헌법재판소에서 8 대 0 전원일치로 판단이 끝난 사안, 계엄은 대한민국 헌법과 법치에 대한 정면 도전이었다고 결론이 난 사안에 대해 시간이 좀 지났다고 반헌법적이고 위헌적인 행동을 마치 아무 일도 없었던 것처럼 옹호하는 발언은 용납할 수 없었다. 비상계엄 선포는 민주주의의 핵심 원리인 관용과 권력의 절제에 가장 저촉되는 행위였기 때문이다.

사실 다른 방송이나 유튜브에서 이를테면 "윤 대통령의 비상계엄은 잘못된 것이지만… 당시 야당이 남발한 탄핵안과 입법 독주를 보라. 윤 대통령이 얼마나 힘들었겠나. 오죽하면 비상 대권을 염두에 두었겠나"라는 식의 주장을 마주할 때면 우리 민주주의를 향한 중대한 위협을 느낀다. 이러한 위험한 인식을 마주할 때면 꼭 하고 싶은 질문은 이것이다.

"당신은 민주주의자입니까?"

하버드대학교 정치학과 스티븐 레비츠키, 대니얼 지블렛 교수의 저작 《어떻게 민주주의는 무너지는가》에서는 민주주의 위기의 징후로 제도적 붕괴가 아닌 연성 질서의 붕괴에 주목한다. 이를테면 규범과 관행의 해체, 정적에 대한 관용과 권력의 절제 상실, 정당의 무력화 등이다. 즉 민주주의 붕괴는 급격한 쿠데타보다는 점진적이고 합법적인 외관 아래, 민주주의를 지탱하던 규범의 붕괴와 기존 정치 질서의 허물어짐으로 먼저 드러난다고 이 책은 경고한다.

윤석열 정부 당시 정부에 비판적인 언론과 방송에 대한 압박은 일상화됐고, 거대 정당 중심의 양극화된 정치는 심화됐으며, 중도 혹은 중간 지대는 소멸되어 제3지대 정치는 실패했다. 그리고 윤석열 대통령에 대한 구속영장을 발부한 2025년 1월 19일에 벌어진 서부지법 습격 사건은 우리 사회에 내재된 민주주의의 위기 징후가 폭발한 사건들이었다.

윤석열 대통령의 불법적인 계엄 선포 이후 탄핵소추 등 민주적 질서의 중대한 위기 사건을 2017년 박근혜 탄핵에 이어 다시 경험한 이후에도 한국 민주주의는 놀라운 회복 탄력성을 보여주었다. 하지만 이와 동시에 보수 세력의 극우화 및 부정선거론의 등장 등은 우리 정치 구조에 내재한 취약성을 동시에 표출하고 있다.

미국은 트럼프 대통령의 재집권 이후 정부의 언론 간섭, 정확하게는 트럼프의 언론 탄압이 놀랍도록 일상화되었다. 찰리 커크 피살 사건 등으로 상징되는 정치적 폭력과 위협이 증대되었고, 미국 민주주의를 상징했던 민주적 규범 등이 약화되면서 미국 민주주의의 위기 징후도 더욱 명확하게 드러나고 있다.

한국과 미국 모두 민주주의가 제도 이전에 규범, 관용, 관행 등 비가시적 질서가 공통적으로 약화되었으며, 급격한 정치적 양극화와 포퓰리즘의 확산, 권력 남용 등의 위기 징후에 직면하고 있다.

2017년 박근혜 탄핵 이후 우리는 더 나은 민주주의를 기대했지만 결국 또 다른 실패를 목도했다. 그런 의미에서 문형배 전 헌법재판소장 권한대행의 이야기에 주목할 필요가 있다. 그는 우리 사회에 정치가 실종된 이유를 관용과 절제, 타협의 언어가 사라지고 대결의 정치, 정치의 사법화가 심화되었기 때문이라고 말한다. 정치를 정치적으로 해결하지 못하고 법원의 판단만을 구하는 비정치적 행위가 반복되면서 우리 정치는 더 이상의 낭만도 타협도 존재하지 않는 서로를 죽여야 하는 전쟁터가 돼버렸다고 평가했다.

최장집 교수는 《민주화 이후의 민주주의》에서 한국 민주주의의 위기는 '정당 없는 민주주의'의 한계에서 비롯된 것으로 본다. 그는 해방 이후 한국 정치에는 냉전적 위협과 지역주의가 작동했고, 1987년 민주화 이후에는 소수 엘리트 중심의 정치와 정당의 책임성 부재가 한국 민주주의의 발전을 가로막았다고 지적한다.

이러한 분석 위에서 윤석열 대통령 탄핵 이후 한국 민주주의를 온전히 회복하기 위한 우선 과제로는 책임 있는 정당정치 실현과 실질적인 국민 대표성의 회복을 꼽을 수 있다. 정당을 통한 다양한 사회 이익의 제도적 조정이야말로 민주주의의 심화와 지속 가능한 발전의 출발점이기 때문이다.

그러나 더불어민주당과 국민의힘 양대 정당이 윤석열 탄

핵 이후 치러진 조기 대선에서 보여준 정당정치의 모습은 다시 한번 한국 민주주의의 위기 징후를 드러낸다. 아래로부터 발현되는 다양한 형태의 국민 요구를 제도적으로 반영하지 못하고, 여야 모두 일부 강성 지지층만 바라보며 대결의 정치를 일삼고 있다.

또 한 가지 문제는 민주당과 국민의힘 모두 기존 레거시 미디어보다 각 진영을 대표하는 유튜브 채널과 주로 소통한다는 점이다. 이를테면 민주당에서는 김어준, 이동형 등이, 국민의힘에서는 고성국, 전한길 등의 유튜버들에 의해 정당 현안과 담론이 확대 재생산되었고, 실제 전당대회 결과에도 유의미한 영향을 미치고 있다. 정당정치가 제도적으로 기능하지 못하자 뉴미디어 플랫폼을 통한 시민의 욕구와 분노 등이 분출되면서 한국 정치는 이전에는 없었던 새로운 정치 지형이 작동하고 있는 것이다.

조기 대선으로 당선된 이재명 대통령은 취임 100일 기자회견에서 "이제 민주당의 대통령이 아닌 모두의 대통령이 되겠다"고 재차 선언했다. 그러나 한국 정치의 회복과 민주주의의 안정적 제도화는 대통령 한 명의 의지만으로 구현되지 않는다. 정당정치의 회복이 선행돼야 하고 건강한 시민 사회의 존재도 중요하다. 이를 위해서는 정론을 보도하는 비판적인 언론의 역할이 중요하다.

피를 먹고 성장한 한국 민주주의의 미래는 이제 어떻게 될 것인가? 여러 위기 징후가 여전히 존재하지만 그럼에도 불구하고 우리에게는 비상계엄이 선포되자 여의도 국회로 먼저 달려간 적극적인 민주 시민들의 에너지가 있으며, 계엄군으로 투입되었을지라도 자신의 임무에 소극적으로 임하면서 국민을 향해 총구를 겨누는 일만큼은 적극적으로 거부했던 국군을 보유한 나라다. 여기에 더해 12·3 내란 사태의 밤 국회 상황을 초 단위로 전하며 정론 보도에 최선을 다했던 언론인들이 존재했다. 이런 시민사회의 성숙함을 바탕으로 한국 민주주의는 한 걸음 더 나아갈 것이다.

민주주의 체제의 위기는 세계 정치사적 현상이기도 하다. 이런 위기 징후 속에 지난 2025년 9월 24일 이재명 대통령이 12·3 내란 사태를 촉발한 비상계엄을 극복하고 대한민국 민주주의가 돌아왔음을 UN총회에서 공식 선언했다.[7] 이 복귀 선언으로 어떤 의미에서는 우리 민주주의가 세계 정치 무대에서 더욱 모범적인 모델로 등장할 수 있는 기회를 잡은 것이기도 하다.

요컨대, 이제 우리는 무엇을 해야 하는가? 양극단의 진영을 넘어 건강한 한국 정치로 한 걸음 더 나아가기 위한 질문들은 계속돼야 한다. 이에 더해 반대 진영을 기꺼이 이해하고자 적극적으로 소통하는 '듣는 마음'이 우리 정치와 시민사회 곳곳에 뿌리내려야 한다. 이 과정을 통과한다면 모범적인 민주주의를 꽃피운 흠모할 만한 나라로 대한민국이 거듭날 수 있지 않을까? 우리 안에 내재된 분노와 불안에서 일어나 이제 다시 희망을 노래할 수 있으면 좋겠다. 그리고 상호 관용과 절제의 정치를 위해 우리는 다시 이 질문을 서로에게 던져야 할 것이다.

"당신은 민주주의자입니까?"

에필로그

윤석열 전 대통령이 비상계엄을 선포한 지 1년이 지났다. 12·3 내란 사태 수습을 위한 특검의 활동도 이제 끝을 향해 가고 있다. 법원은 이제 그 역사의 시간에 대한 엄중한 판단을 해야 할 과제를 안게 되었다.

이 시점에 현직 앵커로서 글을 쓰게 된 것은 언론인의 시점에서 이 역사의 시간에 대한 기록을 남겨야겠다는 사명감 때문이었다. 그리고 한국 민주주의가 이 어려운 시간을 슬기롭게 잘 극복한 뒤 나아가 '전 세계가 흠모할 만한 민주주의 국가'로 한 단계 도약하기를 간절히 바라는 마음에서 출발한 것이었다.

지난 10월 한덕수 전 총리의 내란 방조 혐의와 관련한 재판이 국민들에게 공개됐다. 재판 장면 중 인상적이었던 부분은 12·3 내란 사태의 밤에 있었던 용산 대통령실 5층 대접견실의 CCTV가 보여준 국무회의의 진실이었다. 12·3 내란 사태 당시 한덕수 총리는 물론 대부분의 국무위원들이 계엄에 대해 전혀 몰랐다거나 계엄에 반대했다고 말한 바 있었다. 그러나 계엄 선포 전후에 국무회의를 주재하는 윤석열 대통령을 바라보는 장관들의 모습은 정말이지 놀라웠다. 평상시에 진행된 회의처럼 무섭도록 평온했고, 그저 직장 상사의 지시에 순응하는 모습이었다.

반헌법적인 비상계엄 상황에서 그들은 어떻게 그토록 평온했던 것일까? 늘 격노를 일삼았던 대통령이었기에 대통령의 지시에 그저 순응하는 태도가 학습되어 있던 것일까? 비상계엄의 밤 박성재 법무부 장관은 법무부 실·국장 회의를 소집하여 합동수사본부 검사 파견을 검토했고, 3,600명 정도를 수용할 수 있는 교정 시설의 수용 여력을 점검했으며, 출국 금지를 담당할 직원의 출근 등을 지시했다. 이상민 행정안전부 장관은 이태원 참사로 인한 기억 때문에 국민 안전과 혼란을 우려해 언론사의 단전 단수를 지시한 것이라고 진술했다.

계엄의 밤에 있었던 이 모든 조치가 장관들의 통상적인 업무 진행일 뿐이었다고 한다. 국민은 대통령의 계엄 선포 이후 계엄군에 의해 점령당할 국회를 보호하기 위해, 그리고 대한민국 민주주의 수호를 위해 여의도로 달려가고 있는 상황이었는데 국무위원들은 그저 평안한 모습을 보였을 뿐이다.

그날 그 CCTV 속 평온했던 국무회의를 보며 한나 아렌트가 말했던 '악의 평범성'을 다시 떠올렸다. 그들은 그저 장관으로서 자신의 통상적인 업무에 충실했을 뿐, 계엄의 위법성과 자신이 하는 일의 불법성을 몰랐다고 고백했다. 하지만 그 놀랍도록 평온했던 무지가 바로 '명백한 죄'라는 사실을 지적하려고 한다.

'악의 평범성(Banality of evil)'은 한나 아렌트가 1963년 《예루살렘의 아이히만》에서 나치 전범 아돌프 아이히만의 재판을 관찰한 후 제시한 개념이다. 아렌트는 아이히만이 유대인 학살을 조직적으로 수행했음에도 불구하고 매우 평범하고 순응적인 관료이자 모범적인 가장에 불과했다는 점에 주목했다. 악의 평범성은 악행이 특별한 증오나 잔인함에서 비롯되는 것이 아니라, 맹목적인 복종과 책임 회피, 그리고 도덕적 무감각에서 비롯될 수 있다는 점을 지적한 것이다. 악의 평범성, 그 구조적인 악을 인지하지 못한 무지 역시 민주주의의 적이요, 무지 자체가 죄인 것이다. 2차 세계대전 당시, 유대인들을 가둔 가스실 밸브를 여는 것을 자신의 통상적 업무로 수행했던 모범적인 독일인 가장의 행위를 악의 평범성이라고 통렬히 비판했던 한나 아렌트의 통찰은 지금도 여전히 유효하다.

한덕수 전 총리는 헌법재판소에서 자신은 계엄을 반대했고 비상계엄 문건에 대해서도 잘 알지 못했는데, 집에 돌아와 보니 자신의 뒷주머니에 비상계엄 문건이 꽂혀 있었다고 말했다. 다른 국무위원들도 문건을 결코 제대로 본 적 없었다고 국회 청문회 등에서 진술했다.

하지만 대통령실 5층 대접견실의 CCTV는 진실을 알고 있었다.[1] 대통령실 접견실 CCTV 속 한덕수 총리는 계엄 관련 문건을 자세히 검토하고 있었고, 이상민 행안부 장관과는 16분간 단둘이서 1 대 1 회의도 했다. 비상계엄 당일 "문건을 보거나 받은 기억이 없다"던 한 총리는 최상목 경제부총리에게 문건을 직접 건네며 함께 읽는 모습까지 담겨 있었다.

2024년 12월 3일 21시 29~30분경 김용현 국방부 장관은 대접견실에 들어와 국무위원들에게 손가락 네 개를 펼쳐 보인다. 5분 뒤 영상 속에서 한 총리는 누군가에게 전화를 거는데 특검은 송미령 농림축산식품부 장관에게 국무회의 출석 독촉 전화를 한 것이라고 설명했다. 심지어 이상민 행안부 장관은 한 총리와 문건들을 보며 빙그레 웃으면서 담소를 나누기까지 했다. CCTV 영상을 바라보던 국민은 진심으로 배신감을 느낄 수밖에 없었다. 〈한판승부〉에 출연해 당시 CCTV를 봤던 패널들은 여야 공히 보수, 진보 한목소리로 고개를 절레절레 흔들며 말했다. "정말 부끄럽네요."

대통령실 5층 대접견실 CCTV를 본 문형배 전 헌법재판소장 권한대행은 2025년 10월 27일 전남 순천대학교 우석홀에서 열린 토크 콘서트에서 "그게 국무회의하는 모습이냐. 국무회의하기도 전에, 의결정족수가 차기도 전에 (윤 전 대통령이) 일어서니까 막지 않더냐"며 "한덕수 전 총리 탄핵심판에서 (헌재가) 기각 의견을 냈는데, 국무회의 CCTV를 봤다면 (탄핵) 인용으로 바꿨을지도 모르겠다"고 말했다.

여전히 우리 역사 앞에 소상히 밝혀야 할 12·3 내란 사태의 실체적 진실이 많이 남아 있다. 그렇기에 특검의 수사 이후 이뤄지는 모든 재판 과정과 그 결과에 지속적인 관심이 필요하다. 12·3 내란 사태 이후 역사의 시간은 앞으로 '퇴행의 역사를 반복하지 않으려면 민주 시민으로서 우리가 어떻게 살아야 하는가?'라는 질문을 하고 있다.

다시 한번 이 책을 통해 '뉴스 리터러시'의 중요성을 강조하고 싶다. 레거시 언론의 역할과 이에 대한 국민의 기대가 쇠퇴하고 있는 것도 사실이지만, 그래도 정론 보도를 위해 노력하는 언론의 소리에 독자들이 관심을 가져주면 좋겠다. 나아가 레거시 언론이 만든 시사 프로그램 방송 한두 개 정도는 중요한 이슈의 판단 근거로 삼아주길 바란다. 〈한판승부〉가 국민의 많은 선택지 중 하나가 된다면 더 바랄 것이 없다.

12·3 내란 사태는 언론인으로서 내 삶의 매우 중요한 분기점이 되었다. 내게 주어진 언론인의 책무가 너무나 귀하고 소중하다는 점을 다시금 떠올리며, 매 순간 역사의 시간 앞에 부끄럽지 않아야겠다고 다짐한다. 이 부족한 책이 보수와 진보 극단의 정치를 넘어 양 진영의 시민들 모두가 함께 질문하고

이야기하는 연결의 통로가 될 수 있기를, 민주주의 공론의 장을 더욱 풍성하게 만드는 데 작은 힘이라도 보탤 수 있기를 간절히 기도한다.

주

1장 12·3 내란 사태, 역사의 시간을 걷다

1 〈김건희 여사, 4·10 총선 공천 개입〉,《뉴스토마토》, 2024.9.5.
2 〈2월 29일 칠불사 회동… 김건희 공천 개입 폭로 논의〉,《뉴스토마토》, 2024.9.19.
3 〈강혜경 "김 여사, 명태균 조언 듣고 엘리자베스 여왕 조문 일정 변경"〉,《미디어오늘》, 2024.10.21.
4 〈[단독] 명태균 "강혜경, 27명 리스트? 황당… 대선 때 비행기도 안 탔다"〉, 노컷뉴스, 2024.10.23.
5 〈[단독] 명태균 '尹·安 단일화 수차례 개입' 주장… 카톡 제시〉, 노컷뉴스, 2024.9.25.
6 〈[단독] 명태균 "尹 부부, 경선 6개월간 아침마다 전화… 입당 시기도 물어"〉, 노컷뉴스, 2024.10.9.
7 〈"검찰 수사도 배달되나" "치욕"… 김건희 여사 '출장조사' 역풍〉,《시사저널》, 2024.7.24.
8 〈檢, 명태균·김영선 구속기소… 明 "수사 억울, 특검해달라"〉, TV조선, 2024.12.3.
9 〈야간투시경에 방탄복 '완전 무장' 계엄군〉, 채널A, 2024.12.4.
10 〈내란특검, 추경호 소환통보… '계엄의결 방해' 국민의힘 의원 다수 조사〉,

KBS, 2025.10.22.
11 〈'시국선언' 발표한 박재홍 CBS앵커 "거리두기할 사안 아니라고 판단"〉, 《미디어오늘》, 2024.12.10.
12 〈[단독]홍장원 "대통령의 거짓말? 한 번도 생각 안 해… 비상식적 상황"〉, 노컷뉴스, 2025.2.14.
13 〈[단독] 홍장원 "조태용, 내 동선 초단위로 공개하라"〉, 노컷뉴스, 2025.2.14.
14 〈[단독] 홍장원 "尹과 조태용, 가만히 있는 사람 바보 만들어"〉, [한판승부] 유튜브, 2025.2.14.
15 〈한강은 보았다… 계엄군의 머뭇거림을 [특파원 칼럼]〉, 《한겨레》, 2024.12.19.
16 〈5:3 데드락에 걸린 헌재? 3가지 경우의 수 [취재파일]〉, SBS, 2025.3.27.
17 〈尹 변론종결 한 달 지났는데… 고성 오가고 평의도 제대로 안 열려〉, 《한국일보》, 2025.3.28.
18 〈정규재 "8:0 전원일치 확신… 헌법재판관들 이의 제기 불가능한 군사반란"〉, MBC, 2025.4.3.
19 〈"부하들 앞에선 거짓말 못 합니다"… 조성현 소신 증언에 법정도 '조용'〉, KBS, 2025.2.13.
20 〈문형배 "尹 파면, 최종 인용 대 기각 표결은 단 한 번! 5:3 데드락? 추론"〉, MBC, 2025.6.23.
21 〈이재명 인터뷰 "만만치 않은 트럼프? 나도 만만치 않아"〉, 노컷뉴스, 2025.6.3.
22 〈"美 입장은 3,500억 달러 '선불'… 트럼프 설득 불확실"〉, MBC, 2025.10.17.
23 〈문형배 "나라는 국민이 구한 겁니다, 재판관이 어떻게 구합니까"〉, 《한겨레》, 2025.9.1.

2장 앵커 유감

1 〈김종인 "김건희, 활동 중단 안 할 것… 권력 향유 자격 있다 생각"〉, 노컷뉴스, 2024.10.19.

221

2 〈'인사 개입'도 속속… "윤과 5:5" 허언 아니었다〉, MBC, 2025.8.14.
3 〈'조용한 내조'는 없었다… 김건희, '그림자 실세'의 몰락〉, 《시사저널》, 2025.8.13.
4 〈박선원 "'선관위 문제 없다' 국정원 보고서에 尹 격노"〉, SBS, 2025.2.3.
5 〈윤석열, 검찰총장 때부터 부정선거론에 빠졌다〉, 노컷뉴스, 2025.1.20.
6 〈"내가 유튜브서 봤는데"… 공개 토론에서 '부정선거' 추종 발언〉, 뉴스타파, 2024.12.12.
7 〈조갑제 "尹 편지·담화, 극우 유튜버에 완전히 세뇌된 결정판"〉, 노컷뉴스, 2025.1.3.
8 〈김웅 "조민 기소·김건희 출장조사, 검찰 쓰나미 자초"〉, 노컷뉴스, 2025.6.13.
9 〈[강준만의 화이부동] 분노와 증오의 블랙홀을 넘어서〉, 《경향신문》, 2022.9.28.
10 〈'尹면회' 장동혁 "하나로 뭉쳐 싸우자"… 당내 "무책임" 반발〉, 《동아일보》, 2025.10.20.
11 〈장동혁 윤석열 면회에 조선일보 "'반성 없는 尹' 면회, 민심 안중에 없나"〉, 《미디어오늘》, 2025.10.20.
12 〈'정교유착' 통일교 총재 결국 법정에… 특검, 한학자 구속기소〉, 《동아일보》, 2025.10.10.
13 〈전성배 "김건희, 통일교 금품 받고 '잘 받았다' 통화"〉, 《이데일리》, 2025.10.28.

4장 뉴스의 쓸모
1 〈MBC·CBS 제재 연속 취소… 류희림 방심위 17전17패〉, 《미디어오늘》, 2025.7.31.
2 〈법무부, 이종섭 보도 CBS앵커에 "가능한 모든 수단 동원" 공문〉, 《미디어오늘》, 2024.5.6.
3 〈법원 "CBS '박재홍의 한판승부' 방통위 제재 처분 취소"〉, 《연합뉴스》,

2025.6.4.
4 〈구글 출신 이해민 의원 "尹, 이제라도 극우 유튜브 끊으라"〉, 《한국일보》, 2024.12.13.
5 〈아이만 내렸는데 출발한 버스기사?… '240번 버스' 논란 확산〉, 《한국일보》, 2017.9.12.
6 〈240번 버스 기사 "딸들이 내 앞에서 인터넷 해명글 올려, 울면서 쓰더라"〉, 《이투데이》, 2017.9.15.
7 〈李대통령 "대한민국의 국제사회 완전한 복귀 당당히 선언"〉, 《매일경제》, 2025.9.24.

에필로그

1 〈CCTV 영상으로 확인된 한덕수의 숱한 거짓말 [쿠데타의 재구성]〉, 《시사IN》, 2025.10.20.

뉴스의 눈물
진영을 넘어 질문으로

초판 1쇄 발행 2025년 12월 15일

지은이 박재홍
펴낸이 김현종
기획총괄 배소라 **출판본부장** 안형태
책임편집 황정원 **편집** 최세정 진용주 김수진 장진경
디자인 조주희 김연주 **마케팅** 김예리 신잉걸
방송사업·미래전략본부 정태준 문상철 이주리 백범선 남궁주철

펴낸곳 (주)메디치미디어
출판등록 2008년 8월 20일 제300-2008-76호
주소 서울특별시 중구 중림로7길 4
전화 02-735-3308 **팩스** 02-735-3309
이메일 medici@medicimedia.co.kr **홈페이지** medicimedia.co.kr
페이스북 medicimedia **인스타그램** medicimedia
유튜브 medici_media

ⓒ 박재홍, 2025
ISBN 979-11-5706-501-1 (03300)

이 책에 실린 글과 이미지의 무단 전재·복제를 금합니다.
이 책 내용의 전부 또는 일부를 재사용하려면 반드시 출판사의 동의를 받아야 합니다.
파본은 구입처에서 교환해 드립니다.